図解でわかる

14歳からの
自分を助ける
心理学

社会応援ネットワーク 著
桜美林大学准教授
小関俊祐 監修

> はじめに

心理学を学んで自分自身を助けよう!

　この本を手に取ってくれたあなたに、まず伝えたいことがあります。それは、「心理学を学ぶことで、自分自身を助ける力を手に入れることができる」ということです。

　誰でも不安になったり、ストレスを感じたり、どうしても気持ちが落ち込んでしまう日があると思います。「どうしてこんなにうまくいかないんだろう」「自分だけおかしいのかな」などと思ったことはありませんか?

　実は、そんな気持ちになるのは、どんな人にもあることなのです。そして、そんな時に役立つのが心理学なのです。

　心理学は、人間の心や行動を科学的に探求する学問です。その歴史は、心の不思議に挑み続けた人々の積み重ねの中で作られました。そして、今では私たちの日常生活に役立つ具体的な方法や技術へと発展しています。この本では、心理学の歴史や基本的な理論を学びながら、実際にあなたの生活に活かせる実践的な方法も紹介していきます。

　また、この本の特長は、実際に中高生から寄せられた質問をもとにしたQ&A形式で編集されていることです。

　「臨床心理学と心理学の違いは?」といった素朴な疑問から、「緊張しやすい性格を変えたい」といった悩みまで、それぞれに必要な

PART 1 心理学について知ろう

PART 2 心理学の理論を学ぼう

知識や解決策を提示しています。その中では、認知行動療法（CBT）やリラクセーションなどの心と身体を整える技術を使いながら、実際に試してみたくなるようなワークも紹介していきます。

もし今、悩んでいることがあるのなら、この本がその解決のきっかけになるかもしれません。また、人は、ふだんの生活の中で、さまざまな予期せぬ出来事に出合います。そんな時も、この本があなたにとって心強い味方になることを願っています。

本書の使い方

この本は、見開きで一つのテーマとして完結しているのが特長です。編集に当たっては、中高生のみなさんを中心にヒアリングを行い、32の質問を取り上げ、4つのパートに整理しました。

もくじから、関心のあるページを見つけ、必要に応じて読み始めてみてください。自分事からスタートすると「心理学」を、より身近に感じることができるかもしれません。

本書は文字だけでなく、イラストや図解をたくさん使い、感覚的にも理解しやすくしています。

PART 3
心理学を役立てよう

PART 4
心理療法を実践しよう

図解でわかる
14歳からの自分を助ける心理学 もくじ

はじめに ……………………………………………………… 2

PART1 心理学について知ろう

心理学って人気だけど、どんな学問なの? …………………………… 8
心理学の起源はいつ? …………………………………………… 10
心理学って、いつ、誰が始めたの? ………………………………… 12
心理学といっても幅広いよね。どう考えればわかりやすい? ………… 14
心理学はどんなところで、どのように使われているの? …………… 16
心理学と臨床心理学ってどう違うの? ……………………………… 18
心理学を勉強すると、何の役に立つの? …………………………… 20
心理学を学ぶと、他人の心を読んだり、行動を操ったりできるの? …… 22
認知行動療法が話題だけど、どんな治療法なの? ………………… 24

PART1 参考文献・資料 …………………………………………… 26

知識の TEA TIME
「知覚の現実」は必ずしも「物理的な現実」と一致しない
―― ポンゾ錯視 ……………………………………………… 27

PART2 心理学の理論を学ぼう

「パブロフの犬」って言葉をよく聞くけど、どんなものなの? …………… 30
心理学を使って好きな人を振り向かせることができるって本当? ……… 32
全然勉強しない弟を、机に向かわせる良い方法はないかな? ………… 34
大切な試合に勝つために、強いメンタルがほしい……。 ……………… 36
努力してもどうせ理解できないから、勉強する気にならない……。 …… 38
なんだか気持ちが沈んで苦しい。
抑うつ症状は薬を飲んで治療しないとだめなの? …………………… 40
ものごとをつい悪い方に考えて、落ち込んでしまう。
この性格をどうにかしたい。 …………………………………… 42
心理学っていえば、フロイトとユングの名前は聞いたことあるけど……。 … 44

PART2 参考文献・資料 …………………………………………… 46

知識の TEA TIME
何が見える? 若い女性…それとも? ―― 図と地 ……………… 47

PART 3　心理学を役立てよう

ネガティブな気持ちは浮かんでくるもので、
自分ではコントロールできないよね? ……………………………… 50

友だちと仲直りしたいけど、どう謝ればいいんだろう……? ………… 52

受験勉強のストレスで、つい家族につらく当たってしまう……。 …… 54

肝心な時にドキドキしてしまいます。緊張しない人がうらやましい。 …… 56

リストカットがやめられない友だちの心を理解し、アドバイスしたい。 …… 58

学校に行きたくない。どうすればいいんだろう……? ………………… 60

友だちの誘いを、相手を傷つけずに断りたい……。 ………………… 62

いざという時、失敗した経験を思い出してしまい、こわくなります。
失敗の記憶は消せませんか? ……………………………………… 64

ちょっとしたことでカッとなってしまいます。
怒りっぽい自分を変えたいです。 …………………………………… 66

PART3 参考文献・資料 …………………………………………… 68

知識のTEA TIME
ポジティブフレームとネガティブフレーム ── フレーム効果 …………… 69

PART 4　心理療法を実践しよう

友だちから急に「明日、遊べなくなった」と連絡が来た。ムカつくなあ。
私、嫌われたの? …………………………………………………… 72

こんなストレスいっぱいの世の中はいやだ!! …………………………… 74

最近よく聞くコーピングって何? どんなことをすればいいの? ……… 76

リラクセーションってどんな方法があるの? ………………………… 78

最近友だちも疲れているし、一緒にできるリラックス法はありますか? …… 80

マインドフルネスって何ですか? …………………………………… 82

PART4 参考文献・資料 …………………………………………… 84

知識のTEA TIME
自分自身に関することには敏感に反応!? ── カクテルパーティー効果 …… 85

用語集＆索引 ……………………………………………………… 86
おわりに …………………………………………………………… 90

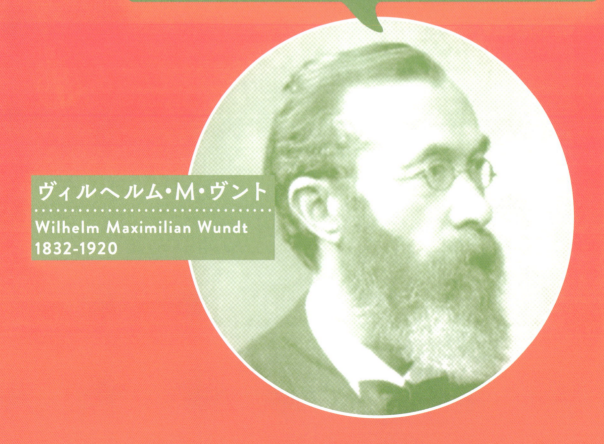

PART 1

心理学について知ろう

この章では、心理学の起源や歴史をたどり、その発展や多様な種類について紹介します。また、心理学がどのように私たちの生活や社会に役立つのかを、具体的な職業や役割を通じて考えます。科学としての心理学の特性を理解し、心理学を身近な知識として取り入れることで、自分自身や他者とのより良い関係を築くきっかけにしてみてください。

章もくじ

- 心理学って人気だけど、どんな学問なの？
- 心理学の起源はいつ？
- 心理学って、いつ、誰が始めたの？
- 心理学といっても幅広いよね。どう考えればわかりやすい？
- 心理学はどんなところで、どのように使われているの？
- 心理学と臨床心理学ってどう違うの？
- 心理学を勉強すると、何の役に立つの？
- 心理学を学ぶと、他人の心を読んだり、行動を操ったりできるの？
- 認知行動療法が話題だけど、どんな治療法なの？

PART1 心理学について知ろう

Q 心理学って人気だけど、どんな学問なの?

A 心理学は人間の心や行動を科学的に研究する学問です。

対象は人や動物など

心理学の研究対象は人間や動物といった複雑な生命体です。個人差や環境の影響が大きく、学問としての難しさがあると言われています。

感情のしくみを探る

どんな時にどんな感情が生まれるか、どうして感じるのか、さまざまな状況で発生する感情について科学的に調べます。

行動の原理を探る

人間や動物が、身体の内側と外側のそれぞれで受ける刺激に対して示す行動を科学的に究明します。

心理学は、人間の「心」や「行動」について科学を用いて研究する学問です。

例えば、「どうして人は大事な場面で緊張するのか」「良い友だち関係を保つにはどうしたらよいか」などの日常の疑問や「人はどうして夢をみるのか」「人の性格はなぜ違うのか」など、心や行動に関する疑問を科学的に解き明かそうとするものです。

心理学の特徴として、私たちの日常に密接に関連していることがあげられます。友人や家族とのコミュニケーション、学校での人間関係、ストレスへの対処など、私たちの行動や感情が研究対象でもあります。

具体的には、観察や実験を通じてデータを集め、法則を見つけ出します。そして、その法則をストレス軽減や人間関係をより良くするために役立てているのです。

また、心理学は自分自身のことをより深く理解するための学問であるともいえます。心理学を学ぶことで、自分の感情や行動を客観的に捉える力が身に付き、他者との関係をより良くする助けになるでしょう。

哲学と心理学の違い

心を研究対象にするという点では哲学と心理学は同じですが、哲学が答えを導き出すために議論や考察をするのに対し、心理学では実験や観察、統計などを用い、心の働きを客観的に検証するところに違いがあります。つまり、哲学が「考える学問」であるのに対し、心理学は「調べる学問」ともいえるでしょう。

豆知識
心理学の語源

心理学は、日本語では「心」と「理（ことわり）」を合わせた言葉で、心の仕組みを探る学問を意味します。

英語の「Psychology」は、ギリシャ語の「Psyche（魂や心）」と「Logos（理論や学問）」を組み合わせたもので、心に関する学問を意味します。

▶ 心 ＋ 理（ことわり） ＝ 心理

▶ Psyche（魂や心） ＋ Logos（理論や学問） ＝ Psychology

PART1　心理学について知ろう

Q 心理学の起源はいつ？

A もともとは古代ギリシャで「こころ」の哲学として研究されていました。

心理学誕生前史 〜哲学から心理学へ〜

心理学の起源は古代ギリシャにさかのぼります。哲学の一分野として始まり、やがて心理学の哲学的基盤が築かれていきました。

ルネ・デカルト『情念論』

1649年、デカルトは著書において、すべての人間は機械的な身体機能と魂を併せ持った二元的な存在であると説きました。後の「脳」「精神」に関する研究に発展し、心理学を形成する上で重要な出来事となりました。

「Descartes mind and body.gif」
Licensed under public domains via Wikimedia Commons

プラトンとアリストテレス「心と魂の本質の探究」

プラトンは、心が物質から独立した存在であるとし、アリストテレスは著作『魂について』で、心や魂の働き、記憶や感覚の本質を探求しました。心は「魂」の一部であり、その性質を理解することが哲学の中心的なテーマでした。

紀元前4世紀〜3世紀

1649年

Psychology

「Psychology」という言葉は、16世紀末頃にギリシャ語の **psyehe（心、魂）** と **logos（論理、言葉）** を合成して誕生した。

英語 ▶ Psychology
フランス語 ▶ Psychologie

古代ギリシャ以前にも古代エジプト時代から「心（こころ）」＝「霊魂」として研究されていました。

19世紀に急速に発展

ダーウィンの進化論以降、それまで哲学的探求によって論じられてきた人間の本質や精神が、科学的に研究、解明されていきます。

チャールズ・ダーウィン
『種の起源』

進化論でよく知られるダーウィンは、心理学においても大きな影響を与えています。特に子どもの発達観察を行い、発達心理学の基盤を築きました。

カール・ウェルニッケ
「脳による言語理解メカニズムを解明」

神経心理学の専門家。脳と心理機能の関連を研究し、「ウェルニッケ野」を発見。言語理解のメカニズム解明に貢献しました。

ジョン・ロック
『統治二論』

イギリスの哲学者ジョン・ロックが『統治二論』で、すべての子どもの心は白紙であり、誰もが平等であると唱えました。

1690年 / 1849年 / 1859年 / 1861年 / 1874年 / 1879年

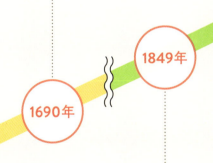

ピエール・ポール・ブローカ
「脳と心理機能の関係解明」

脳の「ブローカー野」を発見し、言語産出に関与する脳部位を特定しました。彼の研究は神経心理学の基盤を築き、脳と心理機能の関係解明に貢献しました。

「Broca's area - lateral view」
Polygon data were generated by Database Center for Life Science/CC-BY-SA-2.1-jp

セーレン・キルケゴール
「実存主義」の先駆け

個人の自由、選択、責任を重視し、心理学において自己の存在や意味を探求する流れを生みました。この思想は、クライエント中心療法や実存分析に影響を与え、人間の心理的成長や葛藤の理解を深めました。

心理学の誕生
ヴィルヘルム・ヴント

1879年、ドイツのライプツィヒ大学に心理学ゼミを立ち上げました。これが学問としての心理学の誕生とされています。

心理学の起源は古代ギリシャに遡(さかのぼ)ります。哲学者アリストテレスは『魂について』という著作で、心や魂の働きを探究しました。この時代は哲学の一部として、心の本質や知覚、記憶などが議論されていました。その後、ルネサンスや啓蒙時代を経て科学的手法が発展すると、心を観察し実験する動きが生まれます。17世紀の哲学者デカルトは、心と体を分けて考える二元論を提唱し、心を科学的に扱う基礎を築きました。そして1879年、ドイツのヴィルヘルム・ヴントが世界初の心理学研究室を設立し、心理学は哲学から独立した科学として歩み始めます。

11

PART1 | 心理学について知ろう

Q 心理学って、いつ、誰が始めたの?

A ドイツのヴィルヘルム・ヴントが、19世紀に研究室を立ち上げたのが始まりです。

■世界最初の心理学研究室

1879年、ドイツのヴィルヘルム・ヴント（1832～1920）が世界最初の心理学研究室を開き、心理学が学問として哲学から独立しました。

Licensed under public domains via Wikimedia Commons

研究者仲間と実験機器に囲まれて座るヴント。研究室では、音に気付く速さや記憶の仕方など、人が目で見たり耳で聞いたりした時に、どんな反応が起こるかという実験を行い、心の動きを数字や時間で記録した。

　心理学が学問として始まったのは、今からおよそ150年前の19世紀のことです。

　ドイツの生理学者、哲学者であったヴィルヘルム・ヴントは、「人の心はどうやって動いているのだろう?」という疑問を抱き、それを科学的に解明しようと試みました。

　それまでは、心についての研究は哲学や宗教の領域で扱われてきましたが、ヴントは「心も身体と同じように実験や観察で調べられるはずだ」と考えたのです。

　1879年、ヴントはドイツのライプツィヒ大学で人の心について考えるゼミを立ち上げ、研究を始めました。これが現在では、「科学としての心理学が始まった瞬間」とされています。

　やがて、ヴントの説に異論を唱える学者も現れ議論され、心理学は哲学から独立した一つの学問として成り立ち、発展していきました。

　現在、多くの人が研究し、学んでいる心理学は、すべてこのヴントの挑戦から始まったものなのです。

ヴントはどんな実験をした？

ヴントは心理学を経験科学と考え、自身のみが経験できる「意識」を研究対象とした内観法（自己観察）による実証実験を行いました。

メトロノームを使った実験

多数の被験者にメトロノームの音を聞かせ、どのように聞こえるか、どんな気持ちになるか（主観的体験）を詳しく聞き出しました。

- 一定リズムの連続（快/不快）
- 速度の変化（興奮/沈静）（緊張/弛緩）

リズムの違いによって生じる感情の変化を注意深く観察し、多くの被験者報告から「感情の三次元説」を唱えました。

ヴントの「感情の三次元説」

人間の感情は、「快と不快」「緊張と弛緩」「興奮と沈静」の3つの次元で構成されています。

- 快 — 不快
- 緊張 — 弛緩
- 興奮 — 沈静

メトロノームを使った実験で、人間の意識的感情は、「快と不快」「弛緩と緊張」「沈静と興奮」の3つの次元で構成され、あらゆる感情は三次元空間内の一点に定位できると結論づけました。

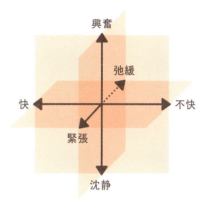

▶ 学問としての心理学の誕生

ヴントの研究室に各国から集まった研究者は、それぞれが自国に研究室を開設するなど、実証科学としての心理学を切り開きました。その後、アメリカやドイツ、オーストリアなどから学説が発生し、学問としての心理学が構築されていきました。

ライプツィヒ大学 コンビクト棟 実験心理学研究所の最初の拠点

ヴィルヘルム・マクシミリアン・ヴント
Wilhelm Maximilian Wundt, 1832-1920

ドイツの生理学者、哲学者、心理学者。それまでの哲学的な心理学とは異なる実証的な心理学を構想し、ライプツィヒ大学で哲学教授を務めていた1879年、世界最初の実験心理学ゼミナールを開設。「実験心理学の父」と称されたヴントのゼミには、ヨーロッパやアメリカ、日本からも多くの研究者が集まった。

Licensed under public domains via Wikimedia Commons

豆知識 日本では…

日本最初の心理学者は兵庫県出身の元良裕次郎（1858〜1912）という人で、ヴントの元に留学していたスタンレー・ホール博士より心理学を学び、1936年、東京帝国大学（現在の東京大学）に心理学実験室を開設した。

Licensed under public domains via Wikimedia Commons

PART1 | 心理学について知ろう

Q 心理学といっても幅広いよね。どう考えればわかりやすい？

A 「基礎的」と「応用的」、そして「理論的」と「実践的」に分類すれば理解しやすいでしょう。

■ 心理学の主な研究領域とテーマ

心理学を四象限マトリックスで分類すると、基礎心理学から応用心理学、理論的なものから実践的なものまでが理解しやすくなります。

実践的

基礎心理学（実践的）

基礎心理学の理論を基に、実験や調査を通じて具体的な現象を検証し、新しい知見を得て理論を補強する役割を果たします

例：
「社会心理学」
　…人の行動や感情と他者や社会環境との相互の影響性について研究する
「集団心理学」
　…「社会心理学」のうち集団や大勢の人たちとの関わりに関する部分について研究する

- 社会心理学
- 実践心理学
- 集団心理学
- 家族心理学
- 発達心理学
- 障害者（児）心理学

理論的

基礎心理学（理論的）

基礎心理学は、人間の心や行動を科学的かつ理論的に研究し、日常生活で感じる心理現象の仕組みを理解するための基礎を築きます

例：
「知覚心理学」
　…意識的または無意識的な人間の認知システムである感覚や知覚を研究する
「認知心理学」
　…記憶や注意、思考のしくみについて研究する

- 知覚心理学
- 言語心理学
- 認知心理学
- 神経心理学
- 感情心理学
- 生理心理学
- 人格心理学
- 学習心理学

基礎的

一言で心理学といっても、実際にはたくさんの分野があります。それぞれに〇〇心理学という名称があり、各分野の専門家もいます。では、どんな種類があるのかみてみましょう。

　一度に理解するのは難しいので、まずは「基礎的なもの」と「応用的なもの」で分類してみます。次に「理論的なもの」と「実践的なもの」に分けて考え、それぞれを横軸と縦軸に取った四象限（しょうげん）のグラフに配置してみました。

　どの心理学がどのように広がっているのか、そして、それぞれの分野でどのような役割を果たしているのかを理解すると、各心理学が、人間の心を探求するためにどのように連携しているのかがわかります。

　心理学は、理論的な理解から実際の問題解決までを網羅（もうら）する学問です。あなたが興味を持っている分野がどこに当てはまるのか、ぜひ考えてみてください。

公認心理師資格取得に必要とされる科目を基に分類していますが、各科目には複数の項目（各論）が含まれており、必ずしもこの分類通りに当てはまらない項目もあります。また、心理学の扱う範囲はこの他にもたくさんあります。

応用心理学（実践的）

現実に即した分野で、理論と実践をつないで解決の糸口を探ります

例：
「臨床心理学」
　…心の問題を抱える人を支援するための心理療法を行う
「健康心理学」
　…ストレスや生活習慣が心身に与える影響を実際の現場で解決に導く

- 臨床心理学
- 犯罪心理学
- 健康心理学
- 産業心理学
- 医療心理学
- 学校心理学
- 福祉心理学

応用心理学（理論的）

基礎心理学の知見を応用するために、実際の問題に対応する基礎理論を探求します

例：
「教育心理学」
　…効果的な学習方法や教育手法を研究する
「司法心理学」
　…同列で研究される「司法・犯罪心理学」のうち、主に被害者や司法制度を対象とする分野のこと

- 教育心理学
- 司法心理学
- 組織心理学

応用的

※公認心理師資格を取得するのに必要な大学における必修科目を参考に作成

PART1 | 心理学について知ろう

Q 心理学はどんなところで、どのように使われているの？

A 私たちの身のまわりで、たくさんの心理学の手法が用いられています。

身近にある心理学の手法いろいろ

実は、私たちの身のまわりには、心理学の考え方や手法を取り入れたものやサービスが数多くあります。

● 目立つ色が配色された商品パッケージ
→ 色彩心理学

パッケージに商品イメージに合った色を使うことで、消費者が商品を手に取ることを企図します。色が品質のイメージを左右することも。

● サービスの利用を促すお知らせ
→ 行動経済学（社会心理学）

自治体からのお知らせには、「大多数が検診を受けている」「今ならがん検診とセット受診できる」など、受け取る側の行動変容を促すような表現が用いられていることもあります。

このページのキーワード

【社会心理学】
社会学から派生した、心理学の分野の一領域。人間の行動や感情が他者や集団といった社会的環境からどのように影響を受けるのかを主に研究する。個人の内面のはたらきだけでなく、人々がどのように相互作用して、社会が形成されるかといった問題に焦点を当てる。

心理学は人間の心や行動を研究するための学問なので、私たちの身のまわりにある様々な事象の中に心理学の理論や手法を見つけることができます。全ての現代人は、日常生活において、それと気付かないうちに心理学に触れ、影響を受けているといっても過言ではありません。

また、心理学は他者との関係を構築する対人援助スキルとも深い関わりがあるので、私たち一人ひとりの行動やふるまいの中にも、心理学に基づく手法を発見することができるはずです。

さらに、心理学は同じく人間を研究対象としている他の学問、例えば哲学、医学、教育学、生物学、社会学、工学などとも密接に関係しています。中には、社会心理学といった新しい学問が生まれるなど、心理学と関係する領域はますます広がっています。

- 新聞やニュースなどを通じて、世論が形成される
  ⇒ 政治心理学

報道の仕方や情報提示の順序などが、受け取り手の判断や評価に影響を与える事もあります。ときには、投票行動などに影響を与える場合も。

- 繰り返し放映されるテレビコマーシャル
  ⇒ 社会心理学

何度も同じCMを目にしたり、商品名を繰り返し耳にしたりすることで、商品への興味が高まる「単純接触行動」などがあります。

この他にも…

- カウンセリング
  ⇒ 臨床心理学

心理的問題の治療や支援などが目的。

- 防犯、犯罪捜査、再犯防止
  ⇒ 犯罪心理学

犯罪者の心理や行動パターンなどを分析する。

- 事故防止、渋滞解消
  ⇒ 交通心理学

運転者などの行動を分析し交通トラブルを予防。

PART1　心理学について知ろう

Q 心理学と臨床心理学ってどう違うの？

A 臨床心理学は、心理学の一分野で、すべての人の心身の健康を支える学問です。

心理学と臨床心理学の関係

心理学は人の心や行動を科学的に解明して、目に見えない心を客観的に捉えようとする学問です。臨床心理学は、心理学で得られた知見に基づいて、主に悩みや心の不調を抱える人をサポートします。

心理学 ➡ 人の心や行動を科学的に解明して心を客観的に捉える学問

心理学者

「心理学」は、人の心や行動について科学的に研究する学問です。だから、心理学者とは、「どうしてうれしくなったり、悲しくなったりするんだろう？」という根源的な問いから「友だちとケンカしたとき、どうすれば仲直りできるの？」というような疑問に対して、実験をしたり、調査を実施したりして、解明のために研究する人のことをいいます。

一方で、「臨床心理学」は、心理学の中でも特に心に傷を負った人や、不安で苦しむ人が少しでも元気になれるように支え、健康な人にはより良い生活を送れるように支援する学問です。

例えば、スクールカウンセラーが「友だちのことで悩んでいる」などの話を聞く時は、臨床心理学の知見に基づいて整理をします。また、病院で心の病気の人をサポートする医者や専門家も、臨床心理学を活用しています。

心理学は人の心について知るための広い学問で、臨床心理学はその知識を使って人を支える専門的な分野だと理解するとよいでしょう。

臨床心理学 ➡ 心理学の知見を基に、悩みや心の不調について共に考え、サポートします。

このページのキーワード

【臨床心理学】
心理学の一分野で、心の健康や問題を科学的に理解し、診断、治療、支援を行う学問。

【スクールカウンセラー】
学校において、児童・生徒の心の健康や心理的問題に対応する専門家。個別カウンセリングやグループセッションを通じ、より良い学校生活をサポートする役目を担う。

【公認心理師】
心理療法やカウンセリングを通じ、心の問題に対応し、人々の心身の健康を支える国家資格を持つ心理の専門家。

PART1 心理学について知ろう

Q 心理学を勉強すると、何の役に立つの?

A 日常生活のいろいろな場面で役立つほか、対人援助を行う職業に就く上で有利になることもあります。

心理学を学ぶことには、数えきれないほどの意義とメリットがあります。中でも重要なのは、「対人援助」と呼ばれる、身体的または精神的、社会的に問題を抱える人が問題を解決できるようにするための支援に必要な対人援助スキルが身に付くことでしょう。

対人援助スキルは、カウンセラー、教師、看護師など、他者とのコミュニケーションを通して相手を支援する職業の人はもちろんのこと、それ以外の人にとって欠かすことのできない能力です。

また、心理学について学んでいれば、自分自身やまわりの人が抱えるストレスや心理的問題に対処するための適切な方法が分かります。言い替えると、「より良く生きるためのヒント」を手に入れることができるのです。

さらに、望ましい人間関係を築くための円滑なコミュニケーション力や、集団を束ねる立場として、各人の思いを受け止めて一つにするリーダーシップの獲得にもつながるでしょう。

心理学を学ぶことのメリットは?

心理学を学ぶことで、自分自身やまわりの人がストレスや心理的問題に直面した場合の対処法が身に付きます。また、日常生活の中で他者とコミュニケーションを図る場面や、社会に出て働く上で役立つ知識やスキルを学ぶことができます。

- ストレスや感情をコントロールできる
- 人間関係やコミュニケーションを円滑にする
- 対人援助スキルが向上する
- リーダーシップの獲得につながる

最近では、選択科目として心理学の授業が採用されている高校もあるよ。

対人援助スキルが役立つ様々な場面

対人援助職として働く人をはじめ、対人援助スキルが役立つ機会はたくさんあります。例えば、被災地へのボランティア活動で被災者と接する時、家族や友人から悩み事を相談された時など、私たちが生きていく上で、必要になる能力だといえます。

心理学が生かされる主な領域

心理学を修めた人材が特に多く活躍しているのは、以下の5つの分野です。なお、心理学の専門知識・技術を用いて、心の問題を抱える人を支援する専門職を総称して心理職と呼ぶこともあります。

※マークのある職業は、臨床心理に関する資格に加えて、別途専門資格が必要です。

教育
児童、生徒や教職員など、教育現場で支援を必要とする人を手助けする。
- スクールカウンセラー
- 心理学者

保健・医療
病院など、医療や健康に関わる施設で、病気やけがなどで困難に直面している人をサポートする。
- 作業療法士※
- 精神科医・心療内科医※

産業・労働
仕事や職場の人間関係などから生じるストレスや、心理的な問題への対処について相談やサポートを行う。
- 産業カウンセラー

福祉
介護施設などで障害者や、介護の必要な高齢者が健やかに生活できるよう支援を提供する。
- 臨床心理士
- セラピスト
- ソーシャルワーカー※

司法・犯罪
過去に犯罪を犯した人の更生や社会復帰、被害者やその遺族へのサポートなどを行う。
- 法務技官※など

関連する資格

▶ **公認心理師**
心理学を用いて働くための唯一の国家資格。

▶ **認定心理士**
心理学の基礎を修めたことを証明する民間資格。

このページのキーワード

【対人援助】
問題解決や目標達成を援助することを対人援助という。医療、保健、教育などの分野で、援助を必要とする人と実際に関わりながら支援する職業を対人援助職という。

【公認心理師】
2015年に成立した公認心理師法に基づく、わが国で唯一の、心理職にまつわる国家資格。心理学に関する専門知識と技術を用いて、助言や指導、援助、分析などを行うことが目的。

PART1 心理学について知ろう

Q 心理学を学ぶと、他人の心を読んだり、行動を操ったりできるの？

A 心理学の手法を用いて、相手の気持ちを予測したり、行動を促したりすることができます。

　まずは「心を読む」ということが、具体的にどのようなことを指しているのか、整理してみましょう。相手の気持ちを理解する、相手のしたいこと、してほしいことを理解する、相手に自分がしてほしいことをしてもらう、このようなことをまとめると「心を読む」という表現になると思います。

　心理学を根拠とする精神療法に認知行動療法という治療法があります。特徴として、目に見えない「心」ではなく、目に見える「行動」に着目して相手の心を推測する、という側面を持っています。もう少し詳しくみていきましょう。友だちが泣いている様子を見れば、悲しいのかな、嫌なことがあったのかな、ということを我々は予測することができます。表情と照らし合わせることで、うれしくて泣いているという可能性も推測できるでしょう。その様子に加えて、過去の友だちとの経験も踏まえると、「カラオケに誘う」「甘いものを食べに行く」というような提案もできるかもしれません。そうすると、友だちからしてみれば、「言葉にしていなくても分かってもらえた」「心を読まれた！」と感じることもあるでしょう。

　認知行動療法の理論の一つであるオペラント条件付けの考え方を用いれば、相手にしてほしい行動をしてもらうことができることもあります。相手に手伝ってほしいときに、「手伝って」と直接的に声をかけることに加え、道具などをそばに置きながら、困った様子を見せると、相手が気付いて何も言わなくても手伝ってくれるかもしれません。その時に、「ありがとう」と感謝の言葉を伝えれば、また同様の状況で、同じように手伝ってくれる可能性も高まります。

　このように、他者の発する情報をキャッチしたり、他者にいろいろな情報を発信したりすることで、「心」を理解し、良い人間関係を築くことが可能です。

このページのキーワード

【認知】
きっかけとなる状況や出来事を受けて、それに対する意味付けや解釈を行う思考プロセスのことを認知と呼ぶ。同じ状況・出来事であっても、人によって認知が異なるため、結果として生起される感情や行動にも差が生まれる。

【オペラント条件付け】
人間や動物が、ある行動を起こした直後に刺激が出現、または消失することで、その行動を起こす頻度を意図的に増減することができる。このような学習のしくみをオペラント条件付け（または、道具的条件付け）と呼ぶ。

心理学の手法を使って相手の考えを予測できる

心理学では、感情や行動に影響を与える「認知」に焦点を当てて、思考過程を探ります。本人からすると、「心を読まれた」と感じるかもしれません。

「親友とけんかしちゃった……」

- 表情
- 行動
- 過去の経験

↓

予測

- 「相手のことが大切」
- 「自分に落ち度があると考えている」
- 「過去に同じできごとで傷ついたことがある」

…そのせいで悲しんでいるのかもしれない

「えっ……どうして私の心がわかるの？」

予測に基づくアプローチ

「相手もけんかを後悔しているかもしれないよ」
「お互いに落ち着いてから話し合ってみたら？」
（適切な声掛け）

相手の行動を促すアプローチの例

心理学の手法を使い、「してほしい行動」を相手が起こす頻度を増やすことができます。この手法を「オペラント条件付け」といいます。

「してほしい行動」を増やす（強化）には？

きっかけ	相手の行動	刺激
「掃除を手伝って」とお願いする	手伝う＝「してほしい行動」	「ご親切にありがとう！」＝相手にとって良いこと（感謝される）を掲示する

きっかけを提示して行動を促す

良いことを提示して行動を促す

「お疲れ様、とても助かったよ！」

POINT
1. 行動のきっかけを提示する
2. 行動のあとに、相手にとって良いことを提示する

PART1 心理学について知ろう

Q 認知行動療法が話題だけど、どんな治療法なの？

A お薬に頼らずに、精神疾患などを治療する、心理学に基づいた治療法です。

人間の感情や身体反応は自分でコントロールできる

自分の意思ではどうしようもない感情や身体反応も、その手前にある認知や行動を変えることで、変化させられる場合があります。

きっかけ
先生に叱られた
（ストレスの原因となる出来事）

「自分はダメな人間だ」
「先生に嫌われた」

「たかが一度の失敗だ」
「先生は期待しているからこそ、怒ったのかも」

認知行動療法は、日常生活において生じるさまざまな問題に対して、考え（認知）や行動に焦点を当てることによって問題の解決を目指す、臨床心理学のアプローチの一つです。「自分はダメな人間だ」というような認知や、「暴力をふるう」といった行動が多くの場合に、自分にとって良くない結果を導いてしまうことに気づき、自分を応援したり良い結果に導いたりするような認知や行動の選択肢を増やすことをねらいとしています。

　たとえば、「先生に叱られた」という出来事を経験したときに、「自分はダメな人間だ」と考えると「悲しい」気持ちになり、勉強することをやめてしまうかもしれません。一方で、「先生は自分に期待してくれている！」という別の認知を獲得することができると、「うれしい」気持ちになり、勉強をもっと頑張るなどという、別の行動が生まれてくるかもしれません。このような、自分にとってより良い認知や行動の選択肢を増やしたり、獲得したりするためのさまざまな手続きの総称を、認知行動療法と呼びます。

　認知行動療法は、もともとは成人を対象とした、うつ病や不安症、統合失調症といった精神疾患の治療法として発展してきました。認知行動療法が広まる前は、精神疾患に対する治療は薬物療法が主流でしたが、認知行動療法の治療効果は、薬物療法と同等であるという研究結果が出され、認知行動療法の有効性が世界的に広まりました。

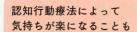
認知行動療法によって気持ちが楽になることも

認知行動療法の考え方
より良い考え（認知）や行動に変えることで、結果が変化する

「もう何もしたくない……」
▶場合によっては……
- 抑うつ　●食欲不振　●不眠
- 腹痛など

「私はやればできる！」
「先生の期待に応えるため頑張るぞ！」
▶気持ちがポジティブに変化

PART 1　参考文献・資料

【書籍・論文・報告書】
- 『心理学大図鑑』キャサリン・コーリンほか 著　小須田健 訳　池田健 用語監修　三省堂
- 『心理学』鈴木常元　谷口康富　有光興記　茨木博子　小野浩一　芽原正　永田陽子　間島英俊　八巻秀 著　新曜社
- 『よくわかる心理学』無藤隆　森敏昭　池上知子　福丸由佳 著　ミネルヴァ書房
- 『VISUAL BOOK OF THE PSYCHOLOGY 心理学大図鑑』横田正夫 監修　Newton大図鑑シリーズ

【Webサイト・記事】
- 公益財団法人日本心理学会公式サイト
  https://psych.or.jp/public/
- Oxford Research Encyclopedia of Psychology
  https://oxfordre.com/psychology/

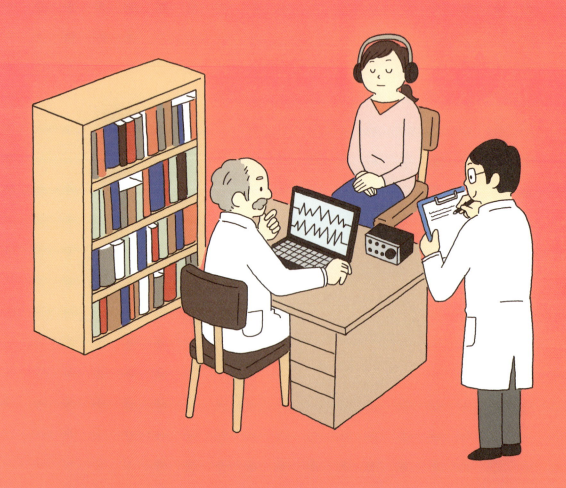

線路が奥に向かってだんだんと収束する写真に二本の水平な線を描くと、同じ長さの水平な線でもレールが狭くなっている上側の線の方が長く見えます。

「知覚の現実」は必ずしも「物理的な現実」と一致しない

—— ポンゾ錯視（Ponzo Illusion）

　この錯覚は、人間の脳が「遠近法」を自動的に解釈する仕組みによるものです。奥行きのある図形を見たとき、脳は「遠くにあるものは小さく見えるはず」という経験則に基づいて視覚情報を補正します。その結果、奥にある線を「実際よりも大きい」と認識してしまいます。

　また、月が比較対象のない真上にある時よりも対象物のある地平近くの時の方が大きく見えるのもポンゾ錯視によるものです。

　ポンゾ錯視は、視覚が物理的な情報をそのまま捉えずに、経験や文脈、背景などによって積極的に解釈していることを示しています。

　この現象は、視覚芸術やデザインで奥行き感を強調する際にも利用されるほか、消費者心理を誘導する広告や製品パッケージデザインなどにも応用されています。

ポンゾ錯視

イタリアの心理学者マリオ・ポンゾが1913年に考案。人間は、物体の大きさを背景に依存して判断していることを、2本の収束する線の上に長さの等しい2本の線を描くことで示した。

PART 2
心理学の理論を学ぼう

この章では、心理学者たちが提案した理論をわかりやすく紹介しています。聞いたことがある心理学者の名前や言葉が出てくるかもしれませんが、それがどんな意味を持ち、日常生活の中でどう使えるのかを探っていきます。学校生活や友人関係などで悩み事や困ったことに直面した時に、その理論をどう役立てられるかを考え、活用してみましょう。

章もくじ

- 「パブロフの犬」って言葉をよく聞くけど、どんなものなの？
- 心理学を使って好きな人を振り向かせることができるって本当？
- 全然勉強しない弟を、机に向かわせる良い方法はないかな？
- 大切な試合に勝つために、強いメンタルがほしい……。
- 努力してもどうせ理解できないから、勉強する気にならない……。
- なんだか気持ちが沈んで苦しい。抑うつ症状は薬を飲んで治療しないとだめなの？
- ものごとをつい悪い方に考えて、落ち込んでしまう。この性格をどうにかしたい。
- 心理学っていえば、フロイトとユングの名前は聞いたことあるけど……。

バラス・F・スキナー
Burrhus Frederic Skinner
1904-1990

失敗は
常に行動を修正する
機会を与えてくれる。

私たちの未来は、今、
私たちがすることによって
形作られる。

PART2　心理学の理論を学ぼう

Q 「パブロフの犬」って言葉をよく聞くけど、どんなものなの？

A パブロフは、犬を対象にした実験を通して、「条件反応」のメカニズムを研究しました。

「パブロフの犬」という言葉は、ロシア（旧ソ連邦）の生理学者イワン・パブロフが行った有名な動物実験に由来しています。

医学研究所に勤めていたパブロフはある時、研究所で飼育している犬が、実際にエサを与えられたり、匂いを嗅いだりした時だけではなく、いつもエサを与えている研究員が近づいてきただけで、よだれを垂らすことに気が付きました。

そこで、ある実験を行うことにしました。犬にエサを与えると同時にメトロノームの音を鳴らすことを続けてみたのです。すると、犬はメトロノームの音を聞いただけでよだれを垂らすようになりました。

この実験から、ある刺激（メトロノームの音）と特定の反応（よだれを垂らすこと）が結びつくことが証明されたのです。

これを「条件反応（一般的には条件反射）」といいます。そして、パブロフが発見したこの一連の学習のプロセスは「古典的条件付け（レスポンデント条件付け）」と呼ばれています。この実験は、人間の行動や学習が、環境や経験によってどのように形成されるかを理解する手助けとなりました。

例えば、良い習慣を身につけるためには、ポジティブな経験を繰り返すことが重要だとわかります。パブロフの実験は、私たちの学びや行動に関する大切なことを教えてくれたのです。

イワン・パブロフ
Ivan Pavlov
1849-1936

Licensed under public domains via Wikimedia Commons

「パブロフの犬」の実験で有名な生理学者。ロシアのリャザンで、貧しい家の長男として生まれたパブロフは、司祭になるために神学を学ぶが、サンクトペテルブルク大学で自然科学を修めたのち、軍医学校に進学して医師の資格を取得。医学研究所の生理学実験室の室長として勤務。1904年にノーベル生理学・医学賞を受賞する。

このページのキーワード

【レスポンデント条件付け（古典的条件付け）】
行動を起こす原因がその行動の前にあるものを総称して、レスポンデント行動と呼ぶ（条件反応などの自分でコントロールできない行動が典型）。特定のレスポンデント行動を、それとは無関係な刺激と関連付けることで、その行動が発現するように条件付けることをレスポンデント条件付けと呼ぶ。

【条件反応／無条件反応】
「レモンを見ると唾液が出る」というように、ある刺激に対して、神経系を通して（意識を介さずに）生じる生物の反応を無条件反応と呼ぶ。一方、「パブロフの犬」に代表されるような、レスポンデント条件付けによって引き起こされる反応を条件反応と呼ぶ。

条件反応のしくみを明らかにした実験の内容

「パブロフの犬」として知られる、犬を使った動物実験により、異なる2つの刺激（無条件刺激と中性刺激）を一緒に提示されることで、条件反応が出現することが明らかになりました。

❶ 唾液が出る
無条件反応
エサ（無条件刺激）

❷ 唾液が出ない
メトロノーム（中性刺激）

❸ 唾液が出る
メトロノーム（中性刺激）
エサ（無条件刺激）

❹ 唾液が出る
条件反応
メトロノーム（中性刺激から**条件刺激**に変化）

❸を繰り返すことで、犬は「**メトロノームが鳴るとエサがもらえる**」と学習する（条件付けられる）ようになる ➡ この一連の学習プロセスを「**古典的条件付け**」と呼ぶ

トラウマ反応と古典的条件付け

トラウマ反応は、古典的条件付けによって起こることがあります。たとえば、怖い経験（大きな地震や事故）をしたとき、特定の音や状況と恐怖が結びつき、同様の音や状況に遭遇すると、実際には危険がなくても恐怖や不安を感じる反応を起こします。これも、脳が危険を避けるために学習した反応です。

PART 2 | 心理学の理論を学ぼう

Q 心理学を使って好きな人を振り向かせることができるって本当?

A ワトソンが行った実験により、人間にも特定の感情を条件付けられることが証明されています。

「アルバート坊や」の実験

被験者であるアルバート坊やに白いネズミを見せて、その際に恐怖心を引き起こすような騒音（刺激）を聞かせる手順を繰り返したところ、アルバート坊やは、最初はネズミに対して怖がる様子がなかったにもかかわらず、やがて、ネズミを見ただけで恐怖反応を示すようになりました。ワトソンは、さらに実験を続け、坊やの恐怖心が時間経過によってどう変化するかについても明らかにしようと試みました。

ジョン・B・ワトソン

John Broadus Watson
1878-1958

Licensed under public domains via Wikimedia Commons

行動主義心理学を創始した、アメリカの心理学者。シカゴ大学で博士号を取得したのち、ジョンズ・ホプキンス大学の教職に就く。第一次世界大戦にて従軍後、同大学に復職。アメリカ心理学会の会長を務めるが、スキャンダルがもとで大学を去る。その後、ビジネスの世界に転身し、心理学の手法を応用した広告の制作などを行った。
おもな著書に『条件付けられた情動反応』（1920年、共著）、『行動主義の心理学』（1924年）がある。

時間の経過による不安の変化

— 不適切な安全確保行動
— 適切な安全確保行動

時間

このページのキーワード

【エクスポージャー】
不安障害やPTSD（心的外傷後ストレス障害）の治療法として、患者にとって不安やストレスの原因である刺激に、あえて段階的に触れることで不安感を低減させる療法のこと。

【馴化／消去】
レスポンデント条件付けが成立した状態から、「危険がない」と学習して刺激に慣れる過程を馴化、条件付け自体が時間とともに減衰して、やがて反応を示さなくなることを消去と呼ぶ。

ジョン・B・ワトソンは、生後11カ月の幼児を対象に実験を行い、人間に特定の感情を条件付けできるかどうかを検証しました。実験の結果、幼児は当初は怖くなかったネズミに恐怖反応を示すようになりました。この有名な「アルバート坊や」の実験によって、条件付けさえできれば、人間の感情もある程度はコントロールできることが証明されました。恐怖ばかりでなく、好感度といったポジティブな感情も、同じ方法で条件付けできると考えられています。

　ワトソンは、条件付けされた不安感が時間経過によりどう変化するかも調べました。不安障害の治療法である「エクスポージャー（曝露療法）」は、あえて継続的に刺激を与えることで、刺激への反応が弱まる（馴化）という、ワトソンが発見した現象に基づき確立されました。

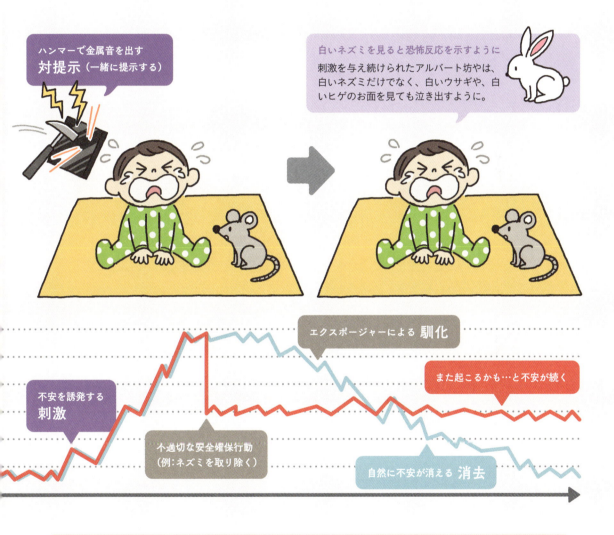

ポジティブな感情も条件付けできる？

ネガティブな感情だけではなく、親近感や恋愛感情などのポジティブな感情も条件付けすることが可能だと考えられています。例えば、CMに好感度の高い芸能人が登場すると、その商品の印象も良くなります。ここでは、「対提示」と呼ばれる、レスポンデント条件付けの手法が使われています。

PART 2　心理学の理論を学ぼう

Q 全然勉強しない弟を、机に向かわせる良い方法はないかな？

A スキナーの実験で示されたように、報酬によって勉強する意欲をひき出せるかもしれません。

　アメリカの心理学者スキナーは、ネズミやハトを使った実験によって、ある行動の直後に報酬が出現または消失することで、動物がその行動を起こす頻度が増減する「オペラント条件付け」という学習の仕組みを発見しました。

　例えば、レバーを押すとエサが出る仕組みの箱の中に入れられたネズミは、レバーを押す行動によってエサがもらえる（強化子）ことを学習し、次第に何度もレバーを押す（オペラント行動）ようになります。

　オペラント条件付けでは、良いこと良くないことが「出現」することを「正」、逆に「消失」することを「負」と呼びます。また、行動の頻度が増加する変化を「強化」、減少する変化を「罰（弱化）」と定義し、それらを組み合わせた4つのパターンに分けました。

　例えば、勉強のモチベーションが上がらない弟の状況を改善するには、一つの単元を達成するたびにおやつなどを用意する（正の強化）方法や、予習して授業に臨めば当てられて恥をかかずにすむことを気付かせる（負の強化）方法などが考えられます。

　こうした手法を活用することで、自ら意識的に行動を変化させる（セルフコントロール）能力が身につくような手助けができるかもしれません。

バラス・F・スキナー
Burrhus Frederic Skinner
1904-1990

Licensed under public domains via Wikimedia Commons

アメリカの心理学者で、人間や動物の行動を心理学を用いて研究する行動分析学の創始者。有名な「スキナーボックス」の実験により、パブロフが発見したレスポンデント条件付けとは異なる、オペラント条件付けを発見して理論化した。

このページのキーワード

【オペラント条件付け】
行動主義心理学の基本的な理論で、ある行動が生じた直後の刺激の出現または消失によって、その行動の生起頻度が変化するような学習のしくみのこと。「道具的条件付け」と呼ばれることも。

【セルフコントロール】
行動療法では、オペラント条件付けの考え方に基づいて、望ましい行動を増やす、または望ましくない行動を減らすために、自ら刺激を与える／なくすことで、自分の行動をより良い方向に変える働きかけをすることがあります。これをセルフコントロールと呼びます。

スキナーボックスの実験と「オペラント条件付け」

スキナーは、レバーを押すとエサが与えられるしくみの箱とネズミを使った実験により、報酬（エサが出る）が出現することで、ネズミが自発的に行動（レバーを押す）を起こしやすくなることを発見しました。この学習の手続きを「オペラント条件付け」と呼びます。

スキナーの結論

先行条件
エサがない
↓
行動
レバーを押す
↓
結果
エサが与えられる

（強化）

ある行動の結果として報酬が出現することで、その行動が強化される
＝オペラント条件付け

行動の起こりやすさに影響を与える4つのパターン

オペラント条件付けでは、ある行動の結果によってその行動の起こりやすさが増減します。そのパターンは以下の4つに分けられます。

▶正の強化
行動の後に良いこと（強化子）が出現すると、同様の場面でその行動をとりやすくなる

例：勉強をすると、ごほうびがもらえるので、さらに勉強を頑張る

▶負の強化
行動の後に、すでに出現していた良くないこと（嫌悪刺激）がなくなると、その行動をとりやすくなる

例：いつも親に叱られていたが、勉強し始めると叱られずに済むので、勉強し続ける。

▶正の罰（弱化）
行動の後に良くないこと（嫌悪刺激）が出現すると、同様の場面でその行動をとらなくなる

例：インターネットの内容を書き写して宿題を提出したら叱られたので、書き写すのをやめる。

▶負の罰（弱化）
行動の後に、すでに得ていた良いこと（強化子）がなくなると、同様の場面でその行動をとらなくなる

例：宿題しないとゲームを取り上げられるので、宿題が終わらないうちはゲームで遊ばない。

PART2 心理学の理論を学ぼう

Q 大切な試合に勝つために、強いメンタルがほしい……。

A 高いパフォーマンスを保つには、「自己効力感」を高めることが大切です。

入学試験やスポーツの試合など、結果を求められる場面で、不安や緊張に負けずに自分の力を発揮するためには、「自己効力感（セルフ・エフィカシー）」が大切だといわれています。一流のアスリートたちが高いパフォーマンスを維持できる理由の一つも、この自己効力感の高さにあると考えられています。

自己効力感とは、社会的学習理論で知られるカナダの心理学者アルバート・バンデューラが提唱したもので、「自分ならできる」という自信や、ストレスへの耐性、行動を起こすエネルギーに関わるものです。

例えば、ある中学生のA君がサッカーのPK練習をしていたとします。最初はなかなかゴールを決められず、「自分には無理だ」と感じていたかもしれません。しかし、コーチから「もう少しボールを高めにけるといい」というアドバイスを受け、それを試してみたところ、ゴールを決めることができたとします。この成功体験によって、「この方法ならできる」という自信が生まれ、練習への意欲が高まります。そして練習を重ねるうちにゴールの成功率が上がり、A君の自己効力感も徐々に高まっていきます。

このように、小さな成功体験や周囲からの前向きなフィードバックを積み重ねることで、自己効力感が高まり、どんな場面でも自分の力をより発揮できるようになるでしょう。

アルバート・バンデューラ
Albert Bandura
1925-2021

Licensed under public domains via Wikimedia Commons

カナダのアルバータ州で、ポーランド人の両親のもとに生まれる。ブリティッシュ・コロンビア大学を卒業後にアメリカへ移り、アイオワ大学で修士号と博士号を取得。その後、スタンフォード大学にて教鞭をとる。自己効力感や社会的学習理論の研究で知られ、著書に『攻撃性―社会学的学習分析』『社会的学習理論』『思考と行為の社会的基礎―社会認知理論』などがある。

このページのキーワード

【社会的学習理論】
従来の学習理論が、学習者自身の経験のみを前提としていたのに対して、バンデューラが提唱した社会的学習理論では、他者の行動を観察して模倣すること（モデリング）が学習にとって重要だとしている。

【自己効力感】
社会的学習理論の中核をなす概念の一つで、「ある状況の中で、自分が必要な行動をうまく遂行できる」と、自分の可能性について認知していること。一般的に、人間の感情や行動は、自己効力感をもとに形作られるとされる。

自己効力感が高いほど、優れたパフォーマンスを実現できる

目標の達成に向けて高いパフォーマンスを発揮できるかどうかは自己効力感の高さと密接に関係しています。バンデューラは、行動を遂行するために不可欠な要因として、結果予期と効力予期の2つをあげています。

結果予期
ある行動がある結果を生み出すという推測
例：「このハードな練習を頑張れば、きっと試合に勝てるはず」

効力予期
ある結果を生み出すために必要な行動をうまく行うことができるという確信
例：「自分には、このハードな練習をやりきる能力があるはず」

自己効力感
ある結果を得るために必要な行動を遂行できるという確信の強さ。自己効力感が高いほど、目標を達成する確率が上がる。

▼

必要な行動の遂行

自己効力感を生み出す5つの要因

一般的に、以下の5つの経験によって自己効力感が高まるといわれています。

❶ 達成経験
かつて自分が目標を達成したり、成功したりした経験。
> 前回の練習試合でも得点を決めた！

❷ 代理経験
他人が何かを達成したり、成功したりするさまを観察すること。
> 隣の学校のチームも1回戦を突破した！

❸ 言語的説得
自分に能力があると言語的に説明されること。言葉による励まし。
> コーチからも励ましの声をかけてもらった！

❹ 生理的情緒的高揚
生理機能や感情が高揚すること。ワクワクする気持ちの高まりなど。
> ほどよい緊張で集中力が高まっている！

❺ 想像的体験
自分や他人の成功経験を想像すること。
> この試合に勝ったら、きっと最高の気分だ！

> 自分はできる！

PART 2 | 心理学の理論を学ぼう

Q 努力してもどうせ理解できないから、勉強する気にならない……。

A ストレスが原因で、「何をしてもどうせ無駄だろう」という後ろ向きな考え方が身に付いているのかもしれません。

アメリカの心理学者で、抑うつ症研究の第一人者であるマーティン・セリグマンは、オペラント条件付けに基づく動物実験を通して、長期間にわたって苦痛やストレスから逃れられない環境下に置かれた人間や動物が、「何をしても無駄だろう」という後ろ向きな考え方（認知）を形成することで、自ら逃げる努力すら行わなくなる現象を発見しました。人間や動物の行動は良いことも悪いことも何かしらの学習の結果として表れるという学習理論をもとに、セリグマンはこの現象を「学習性無力感」と名付けました。

学習性無力感は、自己効力感の喪失や低下と同じように、私たちの行動を意図しない方向に歪めてしまいます。例えば、いじめやハラスメントのような人格否定を受け続けたり、学習やスポーツで努力しても成果が出ない失敗のループに陥ったりした場合、決して望ましくない現状を受け入れてしまうことがあります。家庭内暴力の被害者が周囲に助けを求めずに孤立してしまいがちである理由も同じです。

セリグマンは、学習性無力感の症状が抑うつ症状に類似している点に注目し、その克服や治療に関する研究を続けました。学習性無力感を原因とする症状の治療には、認知行動療法が有効であるとされています。

「何をしたって無駄だ」という後ろ向きな認知に対して、自分には状況を変える十分な能力があると理解することや、望ましくない状況は自分が招いたものではないといった前向きな認知に気付くことが大切であるとされています。

マーティン・セリグマン
Martin E. P. Seligman
1942-

Licensed under public domains via Wikimedia Commons

学習性無力感の発見で知られるアメリカの心理学者。自身の娘が遭遇した不幸な事故をきっかけに、ネガティブさよりもポジティブさに関心を向けることが幸福への鍵だと考えるようになり、人生を充足させることを重視するポジティブ心理学の創始者の一人となる。著書に『うつ病の行動学―学習性絶望感とは何か』などがある。

このページのキーワード

【学習性無力感】
長期間にわたって苦痛やストレスを回避困難な環境に置かれた人や動物が、その状況から逃れることをあきらめて無気力になる現象。家庭内暴力を受ける子どもや、抑うつ症の患者にこの傾向が見られることもある。

動物実験で証明された「学習性無力感」

セリグマンは実験を通して、逃れられない苦痛やストレスにさらされ続けた動物が、そこから逃れようとする努力すら放棄してしまう現象である「学習性無力感」を発見しました。

電気ショックを止める方法が **ある** → 逃げる

電気ショックを止める方法が **ない** → 逃げられるにもかかわらず、**逃げない**

▶ 長期間にわたって回避困難なストレスにさらされると、人間や動物は、その状況から逃れようとする努力すらしなくなる。

学習性無力感を克服するには

一旦定着してしまった学習性無力感を解きほぐすために、セリグマンは認知行動療法の有効性に着目しました。例えば、過去の成功体験を通じて、自尊心と自己効力感を回復する、現在の状況は自分に責任がないことを正しく理解するといった治療を行うことで、学習性無力感を克服できると考えられています。

どうせ何をしたって無駄なんだ…

認知行動療法によって、自分を応援する考え方や行動を獲得できる

例えば
- これまでの成功体験に気付く
- この状況を招いた責任は自分にはないことに気付く

PART2 心理学の理論を学ぼう

Q なんだか気持ちが沈んで苦しい。抑うつ症状は薬を飲んで治療しないとだめなの？

A 人間の感情や行動を変容させることができる認知行動療法は、抑うつ症状の改善に役立つと考えられています。

　精神科医としてうつ病の研究をしていたアーロン・ベックは、患者の無意識を掘り下げることで病気を治療する精神分析療法が信頼できるだけの科学的な客観性を持っていないと疑念を抱くようになり、やがて精神分析とは別のアプローチである認知療法を誕生させました。

　ベックが注目したのは、多くのうつ病患者がその症状を説明する中で決まって、自身について否定的・悲観的な考えを口にしたことでした。のちに「自動思考」と名付けられる、患者の自身への認知そのものに治療の鍵があると考えたベックは、患者が自らの考え方のくせに気付き、それを見直すことで問題やストレスへの対処法を身に付けることができるはずだと考えました。

　言動として表れる患者の認知のあり方に注目する認知療法の手法は、無意識下の情動や抑圧に焦点を当ててきた従来の精神分析療法とは全く逆の発想であるといえるでしょう。

　現在では、うつ病やパニック障害などの治療法として、ベックが理論的基盤を整えた認知行動療法が十分に有効であると証明されています。

アーロン・T・ベック

Aaron Temkin Beck
1921-2021

Licensed under public domains
via Wikimedia Commons

アメリカの医学者、精神科医で、うつ病の治療に関する研究で知られる。イェール大学を卒業後、一度は精神科医となったものの、精神分析的アプローチに限界を覚え、新たな治療法である認知療法の確立に向けて研究を続け、のちに誕生する認知行動療法の理論的基礎を形作った。著書に『認知療法―精神療法の新しい発展』などがある。

このページのキーワード

【認知】
心理学における認知とは、人間が出来事や対象を知覚して、それについて判断する過程を指す。認知行動療法は、主に認知と行動に働きかけて、心身の状態をより良く保つ治療法。

【抑うつスキーマ】
抑うつ症状やパニック障害をもたらす自動思考の根源にある、個人の考え方のくせや信念のこと。抑うつスキーマは、環境や過去の経験などを通して形成されると考えられている。

【自動思考】
出来事などの刺激に対して、自分の意思とは無関係にとっさに想起される考えやイメージ。ネガティブな自動思考は抑うつ症状やパニック障害を引き起こすこともある。

抑うつ症状が生じるメカニズム

ベックの理論によれば、ストレスを生じさせる出来事が起きた際、個人があらかじめ持っていた「考え方のくせ（抑うつスキーマ）」が元となった「認知の誤り」が、「自動思考」を引き起こし、結果として抑うつ症状にまで至るとされています。

ストレスの元となる出来事（ストレッサー）

> 友だちとけんかしちゃった！

> 私はなんてダメな人間なんだろう

考え方のくせ（＝抑うつスキーマ） → **自動思考** → **抑うつ症状**

推論の誤り

全か無か思考
極端な二元論で考える
例：「一度失敗したら、全てが台無し」

過度の一般化
根拠なく独断的に思い込む
例：「絶対にもう許してくれないに違いない」

自己関連づけ
すべては自分に責任があると考える
例：「けんかの原因は、全部私にあるんだ」

認知行動療法の基本的な考え方

個人の中で生起する諸反応は相互に関連し合っています。環境に関する要因も加えた5つの要素「環境」「認知」「行動」「気分・感情」「身体」のうち、働きかけやすい、または効果が出やすいものにアプローチするのが認知行動療法の基本的な考え方です。

> 5つの要素のうち、働きかけやすいものにアプローチする

環境
状況、出来事、周囲の人の働きかけなど

行動
態度、ふるまい、対処法、行動パターンなど

認知
捉え方、考え方、予測、思い込みなど

身体
動悸、息苦しさ、発汗、倦怠感など

気分・感情
不安、落ち込み、無力感、焦燥感など

> 考え方（認知）が変わると、気分や体調も変化する！

認知の変化

PART 2 | 心理学の理論を学ぼう

Q ものごとをつい**悪い方に考えて、落ち込ん でしまう**。この性格をどうにかしたい。

A **他の考え方に気付く**ことで、そこから 生じる感情や行動も変化していきます。

人間は、ある出来事や状況に遭遇した際に、それが元で悲しみ、ショックを受け、時には不眠や動悸といった生理的反応を引き起こすこともあります。私たちはつい、原因となる出来事が直接その結果を生じさせているように捉えがちですが、実はそれは正しくありません。

アメリカの臨床心理学者のアルバート・エリスは、そうした出来事と結果の間には媒介として、「それをどう受け取るのか」という認知が大きく影響していると考えました。

エリスの理論によると人間は、ある出来事や刺激（A）に対して、思考や信念（B）による解釈を行い、その結果（C）として感情や行動といった反応が生まれます。

エリスは、本人の受け取り方が非論理的であるせいで、結果として心理的問題が引き起こされるのであれば、それを論理的な受け取り方に変えることができれば、おのずと結果も変わると考えました。

自身が持つ、「○○すべきである」「○○でなければならない」といった信念や固定観念が非合理的であることを認識し、より合理的な思考を獲得することによって、情緒的な混乱を解消できると考えたのです。論理的な思考が心理に影響をおよぼすことに注目したエリスは、この考えを基にした新たな治療法である論理療法を提唱しました。その理論は、現在の認知行動療法の基礎を形作っています。

アルバート・エリス
Albert Ellis
1913-2007

Licensed under public domains via Wikimedia Commons

アメリカの臨床心理学者で、論理療法の創始者。臨床心理学の研究を始めた当初は、ジークムント・フロイトなどからの影響で精神分析の実践を試みていたが、やがて、アーロン・ベックの提唱した理論に同調する形で、認知行動療法の基礎となる理論の研究を行うようになる。認知行動療法の基礎を築いたとされる。

このページのキーワード

【論理療法】
アルバート・エリスが提唱した心理療法で、論理情動行動療法（REBT）とも呼ばれる。出来事や刺激に対して、論理的な思考を獲得することで、心理的問題や生理的反応を解消できるとする。

【ABC理論】
論理療法の根幹をなす理論で、ある出来事（A）が結果（C）を生むのではなく、その途中には媒介としての考え方（B）があるとする。認知行動療法もこの考えを活用している。

「認知は変えられる」エリスのABC理論

ある出来事（A）の結果として感情や行動（C）が現れる過程には、それをどう受け取るか（B）が影響します。エリスは、この認知に自ら反論する（D）ことで、別の結果（E）が生まれる可能性をABC理論で示しました。

出来事 Activating event
「テストの点数が悪かった」

認知 Belief
「模試でこんな点数をとる自分はなんてダメなんだろう」

結果としての感情や行動 Consequence
- 悲しみ
- 落ち込み
- あきらめ
- 放棄　など

自身の認知が本当に妥当なのか、自問してみる

反論 Dispute
「入試の本番でなくてよかった」
「たかが一度の失敗じゃないか」
「おかげで、苦手な項目がわかった」

効果 Effect
- 気分の落ち込みの解消
- 学習意欲が向上　など

自分の持っている考え方を、「本当にそうだろうか？」と自問自答することで、別の結果が現れることもあるよ。

対人恐怖症を克服するために、100人をナンパ⁉

女性と話すことが苦手だった19歳当時のエリスは、自分の殻を破るため、「一人でベンチに座る女性がいたら、必ずデートに誘う」という挑戦を自らに課しました。結果として、話しかけた100人の女性全員から断られ続けたエリスでしたが、当初彼が考えていたような恐ろしいことは何も起こらなかったうえ、エリスは女性への恐怖を克服できたのです。

PART2 心理学の理論を学ぼう

Q 心理学っていえば、フロイトとユングの名前は聞いたことあるけど……。

A 現代の心理療法やカウンセリングでも用いられている研究をした人たちです。

精神分析学の創始者として知られるジークムント・フロイトとその弟子カール・グスタフ・ユングは、臨床心理学の歴史の中での重要人物です。この2人は私たちの「心」について深く考え、どうやって人の「心」を理解し、助けるかを研究しました。

フロイトは、心の病を治療するうちに人には「無意識」と呼ばれる、自分では気付いていない部分があることを発見しました。そして、心の悩みには「無意識」が関係していると考え、「無意識」を理解する具体的な方法として夢を分析し、治療に活用しました。

ユングは、フロイトの考えに共感しながらも、人間には「個人的無意識」だけでなく、人類の長い歴史の中で受け継がれた「集合的無意識」があると提唱しました。例えば、誰の心の中にも、「ヒーロー」は困難に立ち向かう勇気として、「母親」は安心感を与える愛の象徴として無意識に存在し、心の奥に隠れている力や希望として悩みを解消する助けになる、と説きました。

こうした2人の研究は、人々が心のしくみを深く理解するために大いに貢献し、心理学が人々を助けるための大事な学問として広がっていくことにつながったのです。

フロイトの夢判断

フロイトは、眠っている時にみる「夢」は、普段抑え込んでいる無意識の欲望や感情が現れる場であると考えました。「夢」は、潜在意識にある抽象的なものが視覚化されたり、圧縮された感情や記憶、願望など統一性のない要素がつなぎ合わさったりしたものといわれます。「夢」の内容を詳しく記録し、さらに自由に連想することから「夢」を解釈し、詳しく分析することで、無意識下の心理状態にアプローチしました。

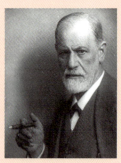

ジークムント・フロイト
Sigmund Freud
1856-1939

Licensed under public domains via Wikimedia Commons

ユングの性格判断

ユングは人の性格を「外向型」と「内向型」に分類し、さらに「思考」「感情」「感覚」「直観」の4つの機能を組み合わせて分析しました。この理論は、後に性格診断テスト（MBTIなど）の基礎となりました。ユングの理論はフロイトとは異なる視点を提供し、心理学の発展に大きく寄与しました。特に、無意識の深層にある共通要素や、人間の多様な性格を理解するための枠組みを築いたことは大きな功績です。

カール・グスタフ・ユング
Carl Gustar Jung
1875-1961

Licensed under public domains via Wikimedia Commons

フロイトとユング「無意識」へのアプローチ

フロイトは、人間の表層にある「意識」と深層にある「無意識」に初めて着目し、ユングは、「無意識」の中で類似する要素に注目し、「集合的無意識」を唱えました。

フロイトによる意識の枠組

意識
今自覚していること。「今日の夕食は何にしようかな」と考えることなど。

前意識
意識していないけれど、少し考えれば思い出せること。昔の友人の名前や電話番号など。

無意識
自覚していない心の深い部分で夢や突発的な行動に現れること。何度も同じ夢をみる、など。

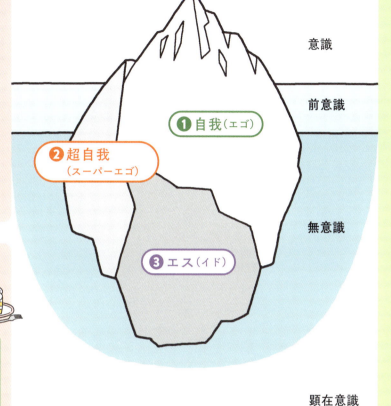

フロイトによる心の構造「自我」「超自我」「エス」と判断

ダイエット中にケーキを前にしたときの心の中の動き

❶ 自我（エゴ）
現実を考えて行動を調整
「今ケーキを食べたら、ダイエットが台無しになる。少しだけにしよう」

❷ 超自我（スーパーエゴ）
道徳や社会的ルールに基づいて行動を判断
「ダイエット中なのに、ケーキを食べるのは良くない。やめるべき」

❸ エス（イド）
本能的な欲望や衝動
「ケーキ食べたい！ 食べちゃおうっと」

ユングの考える「無意識」の深層

ユングは「集合的無意識」の存在を提唱し、映画や小説でヒーローが登場するとどの国の人も理解できるのは、集合的無意識でイメージを共有しているからであると説きました。

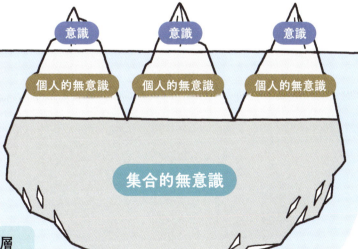

PART 2 参考文献・資料

【書籍・論文・報告書】

- 『心理学大図鑑』キャサリン・コーリンほか 著 小須田健 訳 池田健 用語監修 三省堂
- 『心理学』鈴木常元 谷口康富 有光興記 茨木博子 小野浩一 芽原正 永田陽子 間島英俊 八巻秀 著 新曜社
- 『よくわかる心理学』無藤隆 森敏昭 池上知子 福丸由佳 著 ミネルヴァ書房
- 『VISUAL BOOK OF THE PSYCHOLOGY 心理学大図鑑』横田正夫 監修 Newton大図鑑シリーズ

【Webサイト・記事】

- 公益財団法人日本心理学会公式サイト
  https://psych.or.jp/public/
- Oxford Research Encyclopedia of Psychology
  https://oxfordre.com/psychology/

column

「老婆と若い女性
(Old Woman /
Young Woman Illusion)」

見る人によって、「老婆の横顔」か「若い女性が後ろを向いている姿」のどちらかに見えます。注目する部分や認識の仕方で視覚的な解釈が異なる好例です。

何が見える？　若い女性…それとも？
── 図と地（figure and ground）

　心理学の一分野であるゲシュタルト心理学の基本概念に「図と地の法則」があります。これは、目で見た図像を無意識に図（前景）と地（背景）に分けて認識する、人間の視覚のくせのことです。例えば、上の絵は、この法則を使っただまし絵で、見方によって「老婆の横顔」にも「後ろを振り向く若い女性」にも見えます。

　この錯覚は、私たちの知覚が固定的ではなく、注目点や視点によって変化することを示しています。また、同じ情報でも異なる解釈が可能であるため、個々人の視点や経験が認知に影響を与えることを教えています。この現象は、心理学だけでなくコミュニケーションや問題解決の場面でもヒントになります。同じ状況でも異なる視点から見ることで、新しい理解が得られることを象徴する例といえます。

ルビンの壺

デンマークの心理学者エドガー・ルビンが1915年頃に考案。一枚の絵に向かい合った人間の顔と花瓶の絵が含まれています。視覚によって対象と背景が入れ替わり、認知が変化します。

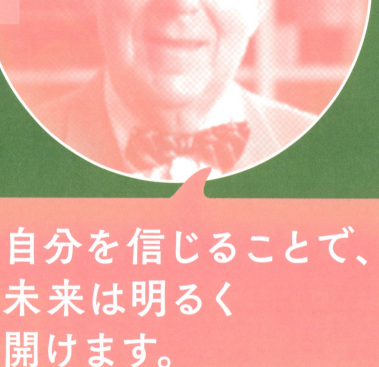

アーロン・T・ベック
Aaron Temkin Beck
1921-2021

自分を信じることで、未来は明るく開けます。

困難に立ち向かうことで、私たちはより強くなります。

PART 3

心理学を役立てよう

この章では、具体的な相談ごとに応え、臨床心理学の理論や療法を活用して、自分自身を深く見つめたり、癒したりする方法などを紹介します。ストレスマネジメントも学びながら、悩みや困りごとに向き合う力を育くむのに役立ててください。自分の成長はもちろん、友だちや家族を支えるヒントにもなるので、読むだけでなく、ぜひ、実践してみてください。

章もくじ

- ネガティブな気持ちは浮かんでくるもので、自分ではコントロールできないよね？
- 友だちと仲直りしたいけど、どう謝ればいいんだろう……?
- 受験勉強のストレスで、つい家族につらく当たってしまう……。
- 肝心な時にドキドキしてしまいます。緊張しない人がうらやましい。
- リストカットがやめられない友だちの心を理解し、アドバイスしたい。
- 学校に行きたくない。どうすればいいんだろう……?
- 友だちの誘いを、相手を傷つけずに断りたい……。
- いざという時、失敗した経験を思い出してしまい、こわくなります。失敗の記憶は消せませんか？
- ちょっとしたことでカッとなってしまいます。怒りっぽい自分を変えたいです。

PART 3 | 心理学を役立てよう

Q ネガティブな気持ちは浮かんでくるもので、自分ではコントロールできないよね？

A 見方や考え方に着目することで、気持ちをコントロールしやすくなります。

「イライラ」や「怒り」「悲しみ」などの気持ちは、「ネガティブな気持ち」と表現されるかもしれません。でも、本当にそうでしょうか。

テストで悪い点数を取った時のイライラした気持ちを次回のエネルギーとして猛勉強し、次のテストで良い点数が取れたとしたら、そのイライラの気持ちは、結果的に自分にとってプラスに働いた気持ちといえるでしょう。部活でレギュラーに選ばれなくて、悲しさをバネに上達することもあるかもしれません。逆に、テストで良い点を取って、うれしくなって毎日遊んでいたら、次のテストで痛い目にあうかもしれません。

このように、気持ちだけに目を向けると、「ネガティブっぽい」気持ちや、「ポジティブっぽい」気持ちはありますが、見方や考え方が変わると、それぞれの気持ちは常にネガティブ、常にポジティブ、というわけではないことがわかります。とはいえ、「ネガティブっぽい」気持ちが膨らんでいくと、学校に行きたくなくなったり、周りの人に八つ当たりしたりといった行動が出やすくなって身体の不調にもつながることが知られています。

そのような時には、考え方（認知）に焦点を当てて、自分が楽になる考え方、自分を応援するような考え方を探してみましょう。「ネガティブっぽい」気持ちにつながっていた考え方から少しでも前向きな考え方に気付くと、頑張ろうという新しい気持ちや、努力するという新しい行動が生まれてくるかもしれません。

イライラや落ち込んだ時に現れる身体や行動の変化

まずは、自分がイライラしていることや怒っていることに気付くために、自分の身体や行動に現れる変化を理解しておきましょう。

身体の変化
- 汗をかく
- 心拍数が上がる
- 肩に力が入る
- 足が震える
- めまいがする
- 喉がつかえる
- 顔が熱くなる
- お腹が痛くなる

行動の変化
- 目を見開く
- 泣く
- 歯をくいしばる
- にらむ
- 声が大きくなる
- 口数が減る

気持ちが生まれるしくみとは？

「感情」は、出来事から直接発生するのではなく、必ず出来事を「認知」した後に発生します。つまり出来事を頭で受けとめ、考えた上の結果として発生するものです。

出来事	認知	結果としての感情
Activating events	**B**elief	**C**onsequences
失恋した、失敗した、試合に負けた など	もう終わりだ、努力してもムダだ など	悲しい、不安、安心 など

同じ出来事でも考え方（認知）によって気持ち（感情）は違う！

気持ち自体に「ポジティブ」「ネガティブ」はありません。考え方（認知）によって、その後の気持ち（感情）や行動が変わってきます。

出来事	考え方（認知）	気持ち（結果としての感情）	行動
○○さんが私の悪口を言っているみたい…どうしよう…	嫌われているのかな…？	悲しい イライラ	関わらないようにする 避ける
	うわさに過ぎない、本当かな…？	少し不安 期待	いつも通り話しかける
	直接言えないけど、直してほしいことがあるのかな…？	スッキリ	○○さんに直接聞いてみる

このページのキーワード

【ポジティブ／ネガティブ】
ポジティブは、肯定的、前向きなど、ものごとをプラスとマイナスで例えた場合のプラス側の意味。ネガティブはその逆で、否定的、後ろ向きなど、マイナス側の意味を表す。

【考え方（認知）】
出来事に対して頭に浮かんだ考え。人によって違うだけでなく、同じ人でも異なる考え方が浮かぶこともある。

PART 3 心理学を役立てよう

Q 友だちと仲直りしたいけど、どう謝ればいいんだろう……？

A 対人関係において円滑なコミュニケーションを図るために、ソーシャルスキルトレーニングが役立ちます。

　私たちが暮らす社会は、多くの人同士がつながり合って成り立っています。他者と一切関わらずに生きることはまず不可能でしょう。よく、「人づきあいが上手い／下手」と表現することがありますが、他者と良好な関係を築いたり、社会にすんなり適応したりするには、ちょっとしたコツが必要となります。そうしたコツの総称をソーシャルスキルと呼びます。

　人間は経験を通じてソーシャルスキルを獲得します。他者とどう関わればよいかわからない（＝ソーシャルスキルが低い）ことの要因は、そもそもスキルを学んでいない（未学習）、誤ったスキルを学んでいる（誤学習）、スキルは学習済みだが上手く実践できない（遂行困難）という3パターンのうちのどれかであると考えられます。

　未学習なのか、誤学習なのか、あるいは遂行困難なのかを明らかにして、正しいスキルを学習し直すことで、ソーシャルスキルを高めることができます。

　ソーシャルスキルを育成するには「ソーシャルスキルトレーニング（以下、SST）」が有効であるとされています。SSTは、社会的に望ましい行動や、相手に受け入れられる可能性の高い行動を身に付けるためのプログラムであり、次のような流れで実施されます。

・導入（ソーシャルスキルの必要性を知る）
・モデリング（良い例／悪い例を見て学ぶ）
・リハーサル（自分で実演してみる）
・フィードバック（リハーサルを踏まえて、指導者が良かった点や改善点を伝える）

　もしも、友だちや家族との関係に悩んだり迷ったりした場合は、SSTを行うことで解決策を見つけられるかもしれません。

このページのキーワード

【ソーシャルスキルトレーニング】
社会の中で他者と関係を築くためのコミュニケーション能力（ソーシャルスキル）を向上させることを目的とした練習法。心理的問題を抱える人を想定して、社会生活における困難を解消するためのプログラムとして開発された。近年は学校などで、認知行動療法の一環として広く実践されている。

ソーシャルスキルは「人づきあいのコツ」

ソーシャルスキルとは、対人関係における目標を達成するための、適切かつ有効な行動の総称です。つまり、他人と上手に関わるための「人づきあいのコツ」のことです。相手や状況によって求められるスキルは異なるため、複数の選択肢を身に付け適切に実行することが効果的であるとされています。

ソーシャルスキル Social Skills ： 他人とうまく関わるための技術やコツ

→ 練習すれば、誰でも身に付けられる

ソーシャルスキルトレーニングを実践してみよう

ソーシャルスキルトレーニングはガイド役（教師など）が中心になって実施する場合が多いですが、手順を知っていれば、自分一人で実践することも可能です。日常生活で、他者とのコミュニケーションについて悩んだり、どうすればいいか迷ったりした時には、次の方法を試してみましょう。

例えばこんな場面
待ち合わせに遅刻したことがきっかけで、友だちとけんかしちゃった……。
どうすれば許してくれるだろう？

❶ 考えられる行動を全てあげてみる

はじめに、自分のとる行動として考えられるものを全てあげてみる。「いつ」「どこで」「どうやって」といった具体性があるとなおよい。

例えば
- 相手から話しかけられるのを待つ
- 何ごともなかったように話しかける
- 放課後に呼び出し謝る
- メールやSNSで謝る

❷ メリットとデメリットを検討する

その行動を実行した場合の、メリット／デメリットを想像して書き出してみる。

何ごともなかったように話しかけた場合……
▶メリット
- お互いに気まずい思いをしなくて済む

▶デメリット
- 反省の気持ちが伝わらないかも
- わだかまりが残るかも

❸ もっともよさそうな方法を実行する

比較検討して、他よりもメリットが大きく、デメリットが小さいと思われる方法を一つ選んで実行してみる。あらかじめリハーサルをして、その様子を誰かに見せて意見をもらうのも効果的。

もしも、
期待した効果が得られなければ、❷のステップに戻ってやり直す。

「きちんと謝らないと、これからの関係が悪くなるかもしれない」

「メールだと、仲直りしたい気持ちが十分に伝わらないかもしれない」

▶ よし、相手に自分の気持ちを伝えて許してもらうには、面と向かって正直に謝るのがよさそうだ！

PART3 心理学を役立てよう

Q 受験勉強のストレスで、つい家族につらく当たってしまう……。

A ストレスの原因を見定めて、対処法を検討してみましょう。

　私たちは誰でも普段の生活の中で、さまざまなストレスを抱えながら生きています。一般的に、「ストレスで胃が痛い」「人間関係がストレスで……」などと言われたりしますが、実は、この言い方は正確ではありません。

　不眠やイライラといった心身に現れる反応を「ストレス反応」、それを引き起こす外的な刺激を「ストレッサー」といい、それらを総称して「ストレス」と呼びます。ただし、一般的には多くの場合、ストレス反応とストレッサーをひとくくりにして混同していることが多いようです。

　生活に支障をきたすようなストレス反応が現れた場合、まずはストレッサーが何であるのかを見極めることが重要です。ストレッサーが自分の力でコントロールできるかどうかによって、「コーピング」と呼ばれる、ストレスへの対処法も変化するからです。もしも、自分だけでは対処できないほどのストレスを感じている場合は、カウンセラーなどの専門家に相談することをおすすめします。

このページのキーワード

【ストレッサー】
ストレス反応を引き起こす刺激のこと。生活環境ストレッサー（人間関係、環境変化など）、外傷性ストレッサー（暴力、被災体験など）、心理的ストレッサー（○○したらどうしようという不安など）がある。

【ストレス反応】
ストレッサーをきっかけとして心理面、身体面、行動面に現れる反応。身体的な反応では頭痛、動悸、発汗、息切れ、めまい、震え、腹痛、便秘、下痢、不眠などがある。

- 受験のプレッシャー
- 疲労　・睡眠不足　など

▶ストレッサー

＋

- イライラ　・食欲不振
- 腹痛　など

▶ストレス反応

一般的には、これを総じて **ストレス** と呼ぶ

ストレッサーの種類によって有効な対策は変化する

コーピングと呼ばれる対処行動を行うことで、ストレス反応を緩和できる場合もあります。ストレッサーが自身でコントロールできるかどうかによって、有効なコーピングは異なります。どの方法が適しているか検討して、複数のコーピングを試してみましょう。

情動焦点型コーピング

「親しい相手にグチを聞いてもらう」「思い切り泣く」「問題を放り出して寝る」「趣味に没頭する」「音楽を聴く」「甘いものを食べて気分転換する」「運動して汗をかく」など。

問題焦点型コーピング

「信頼できる大人に解決法を相談する」「やらなければならないことに優先順位をつける」「ストレッサーそのものを排除する」「情報を集めて、知識を持つ」など。

できない ← ストレッサーを自分でコントロール → できる

コントロールできない
例えば
自然災害、戦災、けが・病気、親しい人との死別、既に起きてしまった過去のことなど

コントロールできる
例えば
人間関係、勉強や仕事、環境の変化、まだ起きていない未来のことなど

自分の力で問題を解決できる場合も

ストレス反応が生じている状況において、自分のことを客観的に見ることで、ストレッサーと、ふさわしい対処法（コーピング）を見つけられる場合もあります。

ステップ1　ストレスの要因（ストレッサー）を探る

例：
- 学力がなかなか伸びない
- つい他人と比べてしまう
- 不規則な生活習慣

ステップ2　対処法（コーピング）を検討する

例：
- 易しい問題を解き自信をつける
- 生活リズムを整える
- 運動などで気分転換を図る
- 誰かに相談する

ステップ3　実践して効果を検証する

実際に対処法を試してみて、ストレス反応が緩和するかを確かめる。変化がなければ、別のふさわしい方法がないかもう一度検討する。

効果がなければ、ステップ2に戻る

もしも自分一人で対処できなければ、無理をせずに、親や先生、カウンセラーなどの専門家を頼るといいよ

PART3 心理学を役立てよう

Q 肝心な時にドキドキしてしまいます。緊張しない人がうらやましい。

A 緊張するのは悪いことではありません。適度な緊張やストレスはよいパフォーマンスを生み出します。

　緊張することが嫌だと感じたり、緊張しない人がうらやましいと思ったりする気持ちはよく理解できます。でも、大事な場面で緊張するのはとても自然なことです。緊張そのものは決して悪いことではなく、「頑張りたい」と思っている証拠とも言えるでしょう。緊張は、身体が「これから大事なことをするぞ」と準備している状態なのです。緊張を完全に無くしてしまうのではなく、うまく付き合う方法を知ることが大切です。

　緊張している時は、心も体も「準備しすぎている」状態になっています。深呼吸や身体を軽く動かすなど、リラックスする方法を使うと心が落ち着くでしょう。逆に「やる気が出ない」時は、軽くジャンプしたり好きな音楽を聴いたりするなど、身体が元気になるようなアクティベーションを実施するといいでしょう。また、プロのスポーツ選手が試合前によくやっているような「ルーティーン」を自分で作って実践してみるのもおすすめです。

　「頑張りたい」と思う気持ちを大切にしながら、自分の心や身体をコントロールすることを少しずつ練習してみてください。緊張は自分の力になる一部だと気付くことができたら、より自信を持って大事な場面に挑めるようになります。

ルーティーンって何？

自分を落ち着かせたり、集中モードに切り替えたりするために、いつも決まった動作や習慣を行うこと。「試合前にお守りを握る」「深呼吸を3回する」など簡単なことでもOKです。自分に合ったルーティーンを見つけると、どんな場面でも心を整えやすくなります。

ka mate, ka mate!

ラグビーのニュージーランド代表「オールブラックス」が試合前に行う伝統的な舞踊「ハカ」は、チームとしての結束力を高め、対戦相手に威圧感を与える重要な役割を持ったルーティーンです。伝統と現代のスポーツ心理学が融合した、彼らの強さを支える大きな要素となっています。

このページのキーワード

【リラクセーション】
緊張をときほぐし、心や身体をリラックスさせる方法のこと。

【アクティベーション】
交感神経が活発に働き、心身を興奮状態にする方法のこと。末しょう血管は収縮し、心拍数や血圧が上がる。

【漸進性弛緩法】
リラクセーションの一つで、意識的に筋肉に力を入れてから脱力することで、緊張した筋肉を緩める方法。

ヤーキーズ・ドットソンの法則

適度な緊張状態（ストレス）の時、人は最適なパフォーマンスを発揮できることを示す法則です。図はパフォーマンスと緊張の関係を表し、緊張の度合いが強くても弱くても高いパフォーマンスは生まれず、適度に緊張している状態において最も高くなることを示しています。

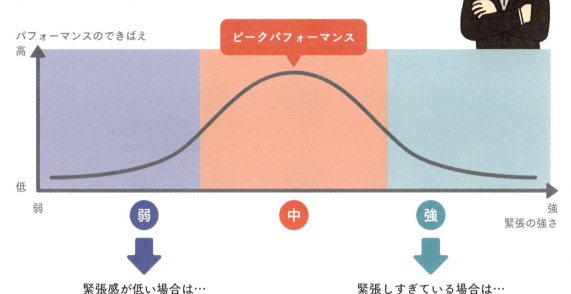

緊張感が低い場合は…

アクティベーション

気分を高めるアクティベーションを実施すると効果的です。

- 軽い運動をする　● ストレッチをする
- 「楽しんでやろう」などの声を出す
- 身体や顔を叩く
- アップテンポな音楽を聴く

緊張しすぎている場合は…

リラクセーション

10秒呼吸法などのリラクセーションを実施し、過度の緊張を適度に和らげるようにするとよいでしょう。

- ゆったりした音楽や好きな曲を聴く
- 漸進性弛緩法で身体を緩める
- 10秒呼吸法　● 友だちと話す
- 散歩する

PART3　心理学を役立てよう

Q リストカットがやめられない友だちの心を理解し、アドバイスしたい。

A 自傷行為をする理由やきっかけによって、対応が異なります。

　リストカット（自傷行為）をする理由は人によって違います。何かを訴えたい人もいれば、強い感情を和らげたいと考える人もいます。理由を理解することが、友だちの心に寄り添い、適切に助けるための第一歩です。

　「悲しい」や「つらい」気持ちを誰かに伝えたい場合は、「気づいてほしい」「助けてほしい」という気持ちを持っているかもしれません。決して否定せず「どんな気持ちでいるの？」と優しく聞いてあげることで、自分の気持ちを言葉にしやすくなるかもしれません。また、困ったら先生や親など信頼できる大人に相談することも提案してみましょう。

　強い怒りや不安を感じた時、感情を抑えられずに自分の体に向けてしまうことがあります。この場合は、自傷行為の代わりに他の方法で感情を発散することを提案してください。運動をしたり、紙に気持ちを書いたり、深呼吸をして落ち着く練習をするのも効果的です。

　心の痛みを体の痛みで紛らわせたい場合は、冷たい水や氷を触るなど、安全な感覚刺激で気持ちを落ち着かせる方法を試してもらうこともできます。

　友だちを助けたいというあなたの気持ちは素晴らしいものです。その気持ちを大切にしながら、無理をせず、一緒に解決していく方法を探していきましょう。

リストカットの理由と主な対処法

リストカットの目的は一つとは限らず、状況や場面によって異なることも。目的を達成できる別の手段によって、衝動を抑制できる場合もあります。

❶ 注目されたい
周囲の人や特定の人から注目を得ることが目的。「授業中に手を挙げる」「相手の名前を呼ぶ」などは、注目の獲得機能を持つ可能性があります。

❷ ストレスの発散
ストレスを発散させることが目的。「深呼吸する」「お菓子を食べる」などは、ストレスの発散機能を持つ可能性があります。

❸ 物や機会がほしい
具体的な物や、体験の機会を得ることが目的。「ちょうだいという」「遊ぼう、と誘う」などは、物や機会の獲得機能を持つ可能性があります。

❹ 嫌なことから逃げたい
暑い、寒い、怒られる、痛い思いをするなど、嫌なことから回避することが目的。「その場から離れる」「助けを呼ぶ」などの行動は、嫌なことからの回避機能を持つ可能性があります。

❺ 感覚的刺激がほしい
うれしい、楽しい、気持ちいいなど、感覚的な刺激を得ることが目的。「ぬいぐるみを抱きしめる」「遊ぶ」などの行動は、感覚刺激の獲得機能を持つ可能性があります。

❻ その他
どれにもあてはまらない場合もありますが、基本的には❶〜❺に含まれると考えられます。

こんな時は？

目的によって対処法も異なってきます。まずは、自傷する理由を理解し、状況に応じた対応が必要です。

	ケースA	ケースB	ケースC
きっかけ	誰もかまってくれなくてさみしい	ものごとがうまくいかなくてイライラする	テストが悪くて怒られそう
目的	注目されたい	ストレス発散	嫌なことから逃げたい
期待する結果	親や友だち、先生が気にしてくれる	気持ちが軽くなる	怒られなくてすむ

ケースAの対処法　　　　　ケースBの対処法　　　　　ケースCの対処法

声かけや呼びかけなど

話しかけられることで、自分は一人じゃないと思える

リラクセーションやマインドフルネスなど

心や身体が楽になり、ストレスが軽減される

相談など

人に相談することで、心配されたり困難を回避できたりする

このページのキーワード

【自傷行為】
辛い感情から逃れるための対処法の一つとして、自分の身体を傷つける行為のこと。

音楽を聴いたりスポーツをしたり、感覚的に刺激を与えたり好きなことを楽しむことも自傷行為に代わる対処法として効果的です。

PART3 心理学を役立てよう

Q 学校に行きたくない。どうすればいいんだろう……？

A たった一つの正解はありません。まずは自分自身と向き合うことから始めましょう。

「朝になると憂うつになる」「校門の前に立つと足がすくむ」「どうしても家を出ることができない」など、学校に行くことに対して苦しさやストレスを抱えている人たちもいます。

学校に行きたくない理由や、ストレスに心や身体がどう反応するかは、人によって千差万別なので、こうすれば解決するというような、ただ一つの正解はありません。

大切なのは、過度に思い詰めたり自分を責めたりしないことです。悩み事があると人は、どうしてもネガティブなことばかりに思考がとらわれて、視野が狭くなってしまいます。そこで、まずは日々の生活の中で、たとえ些細なことでも楽しいことや、うれしい瞬間を見つけることから始めるとよいでしょう。自分の気持ちや行動を整理して考えるためには、「セルフモニタリング」の手法が有効です。

学校に「行けない理由」より、「行けた理由」に目を向けよう

「私はどうして学校に行けないんだろう」という問いをぐるぐる考えてもあまりよいことはありません。行けない理由は、いくらでも考えられる上、考えるほどに自分を責めてしまうからです。それよりも、普段よりも調子がよくて、たまたま学校に行くことができた日について振り返ることで、「今日はどうして学校に行けたのか」を考えて、自分にとってより良い行動パターンを見つけることが大切です。

学校生活で経験できる楽しいこと、学校でしかできないことを探してみよう。

このページのキーワード

【セルフモニタリング】
ストレスや心理的問題への対処法を見つけるために、毎日の心身の状態を観察して記録する手法。認知行動療法でよく用いられる。自身の体調や感情の変化をシートに記録して整理することで、日々の行動や習慣が気分や心身におよぼす影響を客観的に把握するヒントが得られる。

セルフモニタリングを通じて、心身をより良い状態に保つ

毎日、今日したことや感じたこと、体調の変化などを記録する「セルフモニタリング」を通じて、自分の心身の状態を客観的に捉えることができます。

セルフモニタリングの目的

日々の状態を継続的に記録することで、自分の心身の「調子が良い時のパターン」に気付けます。

シートの例

10月16日（水曜日）　天気 / 晴れのち曇り

- 朝起きた時の気分は？
  1 2 3 4 5 ⑥ 7 8 9 10
  悪い ←―― 普通 ――→ 良い

- 体調は？
  1 2 3 4 5 6 ⑦ 8 9 10
  悪い ←―― 普通 ――→ 良い

- 朝食を食べた？
  食べなかった /
  少し食べた /
  完食した

【学校に行った】

- 学校の満足度は？
  1 2 3 4 5 6 7 ⑧ 9 10
  悪い ←―― 普通 ――→ 良い

- 今日学校に行けた理由は？
  昨日よく眠れた。好きな体育がある。

- もっとも楽しかった、または印象に残ったことは？
  体育の授業で100M走を走った。
  初めて○○さんと話した。

【学校に行かなかった】

- 日中にしたことと、その感想は？

- 1日全体を通して楽しかったことは？
  帰宅後に好きなアニメの最新話を観た。
  ○○さんもこの作品が好きなことを知った。

- 明日やりたいことは？
  部屋の掃除、近所を散歩する。

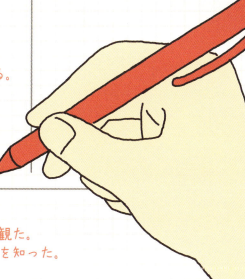

セルフモニタリングに取り組む際のポイント

① 無理せず○付けだけでもOK
負担に感じるなら、日付と○を付けるだけでも。

② 感じたことをそのまま書く
心身の小さな変化、感じたことを、詳しく記録しておく。

③「少しマシ」を探してみる
調子が良い日の記録から、生活や行動の共通点を探す。

PART3　心理学を悩みに役立てよう

Q 友だちの誘いを、相手を傷つけずに断りたい……。

A 相手に合わせて、伝え方を使い分けてみましょう。

　せっかくの友だちからの誘いだけれど、正直あまり気乗りがしない……。そんな時に、どう断れば、相手に嫌な気持ちを抱かせずに済むでしょうか。お互いの仲の良さや相手の性格、今後どういう関係性を築きたいかによっても、望ましい返事の方法は変わります。

　現在では広く知られるようになった心理学の用語に「アサーション」があります。これは、自分と相手、その両方を尊重するような自己表現を意味する言葉です。アサーションには、自己主張の強さに応じて、「パッシブ（非主張型）」「アサーティブ（バランス型）」「アグレッシブ（攻撃型）」の3パターンがあり、そのうち最もバランスがとれているのがアサーティブであるとされています。

　ただし、状況や相手によっては、パッシブな方法で相手の要望を受け入れた方がよい場合や、逆に、アグレッシブな方法で自分の考えを強く主張した方がよい場合もあるでしょう。つまり、それぞれのケースごとに判断して、最もふさわしい自己表現を選ぶことが大切です。

> **このページのキーワード**
>
> 【アサーション】
> 1940年代にアメリカの心理学者が提唱した行動療法の手法の一つ。一般的に、他者同士が望ましい関係性を作るためには、お互いを尊重し合うアサーティブなコミュニケーションが重要であるとされている。

バランスのとれたアサーティブな自己表現って？

アサーションとは、「自分も相手も大切にする自己表現」のことです。社会の中で他者とコミュニケーションを図る際、お互いに不快な思いをしないように、相手の考えや気持ちを十分に尊重しつつ、自分の意見を遠慮せずはっきり伝えることが、バランスのとれた「アサーティブな自己表現」です。アサーションには、それぞれ特徴の違う3パターンの自己表現があります。

3パターンの自己表現

パッシブ
非主張型の自己表現。相手の主張を断れなかったり、あいまいな態度をとったりしてしまう。ノンアサーティブともいう。

アサーティブ
バランス型の自己表現。自分の考えをはっきり相手に伝え、相手の気持ちも尊重するため、良好な関係を築きやすい。

アグレッシブ
攻撃型の自己表現。自分中心で相手のことを配慮しない、決めつける、相手の話を聞かないといった特徴も含む。

アサーションを意識した
コミュニケーションの実践

相手の思いを受け止めつつ、自分の主張をきちんと伝える「アサーティブなコミュニケーション」の例を紹介します。相手によって表現が変わる点に注目してください。

▶ **相手からの誘いを断りたい場面にて**

パターン1　仲の良い友だちの場合

ごめん、なんだかあんまり気乗りしないから、遠慮しとくよ。また今度ね！

▶ 気心が知れているから、正直に気持ちを伝えて断っても、怒ることはないだろう……

それなら仕方ないな。今度また別の機会に誘うことにしよう。

パターン2　少し苦手な先輩の場合

その日は家族との用事があって……。行きたかったのに、残念です。あとで話を聞かせてくださいね。

▶ 相手が気を悪くしないように、当たり障りない理由をつけて断ろう

あまり無理強いもできないし、別の相手を探そう。次に会ったら、感想を話そう。

パターン3　これから親しくなりたい知人の場合

誘ってくれてありがとう！実は、その日は都合がつかないんだ……。来週の金曜日じゃだめかな？

▶ 別の日程を伝えて、相手と仲良くなりたい気持ちを伝えよう

こちらの誘いを喜んでいるみたい。あちらから誘ってくれたから、今後も仲良くできそう。

PART3 心理学を役立てよう

Q いざという時、失敗した経験を思い出してしまい、こわくなります。失敗の記憶は消せませんか？

A 記憶そのものは消せなくても、出来事を捉え直して、いやな気分にならないようにはできます。

認知行動療法を用いたいやな記憶の解消法

過去の出来事に対する否定的な考え方に気付き、自分を応援する考え方に着目しましょう。ストレスを軽くすることでいやな気分を減らすことができます。

STEP 1 記憶の内容を把握する

自分が何に反応しているのかを把握するため、嫌な記憶の内容を具体的に記録（書き出す等）してみましょう。

1. どんな出来事か
   例 ▶ バスケの試合でフリースローを外した
2. 思い出した時の気持ち
   例 ▶ 自分に腹が立つ
3. 身体に起きる反応
   例 ▶ ドキドキする

STEP 2 「自動思考」に気付く

嫌な記憶が引き起こされる時に同時に浮かんでくる「自動的な考え」を見つけましょう。

例 ▶ 「自分はダメだ」

例 ▶ 「また失敗しそうだ」

このページのキーワード

【自動思考】
自動思考とは、意図せずに浮かんでくる反応的な思考のことです。

大事なイベントを前に、思い出したくもないのに過去の失敗シーンが頭に浮かんできて、「また失敗したらどうしよう」などと考えて、行動する前から憂うつになったり、チャレンジをやめてしまったりということがあるかもしれません。そんな時には、「認知再構成法」の理論と手法を活用してみてください。

過去の出来事に対する考え方に気付いて自分を応援する考え方に着目すると、ストレスが軽くなり、いやな気分やチャレンジをこわがる気持ちを減らすことができることもあります。

ふだんの生活の中でも、成功体験に注目し、自分の思考や感情、行動を意識的に調整できるようになると、自分に自信を持つことにつながります。

1回で劇的に変えることは難しくても、反復して行うことで効果は現れやすくなります。継続的な実践を意識して、あせらずに、一つひとつのステップを自分のペースで進めていくことが大切です。

STEP 3 「自動思考」を評価する

自動思考が現実に合っているかを評価し、より現実的で前向きな思考を取り入れます。自分に次の質問をしてみましょう。

「他の可能性や見方はないだろうか？」

「当事者が友だちなら何と声をかけるか？」

例▶「あの時は失敗したが、成功した試合もあった」

自分を応援するような考えに気付いたら、それに基づく行動や気持ちの変化に目を向けてみよう！

STEP 4 行動を変えてみる

新しい考え方に気付くと新しい行動につながる可能性があります。落ち着くための呼吸法やリラクセーションなどを積極的に取り入れましょう。

STEP 5 再評価とフィードバック

STEP1の記録と、考え方や行動を変えた後の状況を比較します。嫌な記憶の影響がどのように変化したかを振り返ります。必要に応じて、STEP3・4に戻りながら、改善させていきます。

例▶「今の自分は、失敗した時の自分と同じではない成長した自分だ」「もう大丈夫だ」

STEP3〜5は、必要に応じてくり返してみよう

PART3 心理学を役立てよう

Q ちょっとしたことでカッとなってしまいます。怒りっぽい自分を変えたいです。

A アンガーマネジメントの第一歩、「衝動のコントロール」をやってみましょう。

「怒りの感情」自体は、必ずしも悪いものではありません。そもそも感情自体に良い悪いはないというのが心理学の捉え方です。感情心理学では「怒り」は「防衛感情」とも呼ばれ、自分や大切な人を危険から守るためにも重要な感情とされています。例えば、「差別」や「偏見」に向けた「怒り」をエネルギーにして、人を助けたり、社会を変えたりした例がたくさんあります。

一方、怒りの感情に振り回されて親に反抗したり、友だちに暴言をはいたりして、人間関係が悪化していることを改善させたいのであれば、怒りのコントロールを身に付けるとよいでしょう。なにより、怒りにまかせた言動で「なぜ、あんなことを言ってしまったんだろう」と後悔して、「そんな自分が好きになれない」というのでは、傷ついているのは自分です。

生きていれば、自分の思い通りにならない出来事はたくさんあります。ここでは、カッとなって他人や自分を傷つけて後悔しないために、「アンガーマネジメント」の第一歩である「衝動のコントロール」を紹介します。

このページのキーワード

【アンガーマネジメント】
怒りを爆発させずに適切に発散させたり、エネルギーに変えたりして、怒りの感情をコントロールすることとその手法。

「怒るのは悪いことではない。賢く使いなさい」
マハトマ・ガンジー

引用：『おじいちゃんが教えてくれた 人として大切なこと』(アルン・ガンジー 著、桜田 直美 翻訳)

「私も若い頃は怒ってばかりいた。怒りは悪いことではない」「誰に対しての怒りか。なぜ怒っているのか。原因は何かを書き出しなさい」

非暴力・不服従運動で知られるマハトマ・ガンジーが孫に語った言葉です。

怒りがあるからこそ、人はそれをエネルギーにして困難を乗り越え、社会をより良くすることができる。怒りや憎しみを大きくしないためには、怒りの原因を探り解決法を見つけることだと伝えたのです。また、彼は、怒りからくる衝動的な行動に対しては、次のように語って戒めています。

「思わずカッとなった気持ちをそのまま爆発させるのは、銃の引き金を引くようなものだ。一度発射した弾丸は、二度と銃に戻すことは出来ない」

アンガーマネジメントの3つのコントロール

信頼関係を壊すことなく円滑な人間関係を保つためには、上手に「怒り」をコントロールすることが大切です。

「衝動」のコントロール
「6秒ルール」など、衝動をコントロールする代表的な手法のことです。

「思考」のコントロール
怒りの元となる「こうあるべき」という感情を理解し、客観的に捉えることで怒りをコントロールする手法です。

「行動」のコントロール
「怒ることが問題解決に有効か」「相手の意識が変わるか」など、状況を冷静に分析する手法です。

「衝動」のコントロール

怒りを感じた瞬間に、衝動的に動くことで事態を悪化させることがないように、反射的な行動を抑制する手法です。

6秒間待つ「6秒ルール」

反射的に行動せず、ほんの少し間をあけます。瞬間的な怒りに対しては6秒経過すると衝動性がコントロールできると言われていますので、頭で数を数えるなど、しばらく様子をみましょう。

- 頭の中で数を数える
- 深呼吸をする

その場を離れる

6秒経過しても腹を立てている対象が目の前にいたら、いったん冷静になった気持ちが再び怒りとなる可能性が高いので、まずはその対象から距離を置くことも必要です。

- トイレに行く
- 水を飲みに行く

自分の「怒りの温度（点数）」を意識する

イラっとしたり、カッとなったりした時に、「いま自分が感じている怒りの温度（点数）はどのくらいか」と自分に問いかけます。怒りを点数化することで、客観視することを助けます。

「穏やかな状態」を0、「最大の怒り」を100とした「怒りの温度計」が自分の中にある、とイメージしておく。

PART 3 参考文献・資料

【書籍・論文・報告書】

- 『図解でわかる 14歳からのストレスと心のケア』一般社団法人社会応援ネットワーク　太田出版
- 『スポーツメンタルトレーニング教本 三訂版』日本スポーツ心理学会　大修館書店
- 『メンタル・タフネス読本―スポーツで勝つ心のトレーニング 明日からあなたはあがらない』所収『『無心!』という究極の集中』杉原隆 著　朝日新聞社
- 『子ども応援便り』2011 Vol.11　子ども応援便り編集室
- 『イラスト版 13歳からのメンタルケア―心と体がらくになる46のセルフマネジメント』安川禎亮　柴田題寛　木須千明 著　合同出版
- 『ワークシート付きアサーショントレーニング―自尊感情を持って自己を表現できるための30のポイント』田中和代 著　黎明書房
- 『学校で使える5つのリラクセーション技法』藤原忠雄 著　ほんの森出版
- 『学校応援便り2013春』一般社団法人社会応援ネットワーク
- 『マインドフルネス　ストレス低減法』ジョン・カバットジン 著　北大路書房
- 『マインドフルネスで気持ちが落ち着く!「しずか」をつくる教室アクティビティ50』三好真史 著　黎明書房
- 『リラクセーション法の理論と実際　第2版』五十嵐透子 著　医歯薬出版
- 『心理学大図鑑』キャサリン・コーリンほか 著　小須田健 訳　池田健 用語監修　三省堂
- 『心理学』鈴木常元　谷口康富　有光興記　茨木博子　小野浩一　芽原正　永田陽子　間島英俊　八巻秀 著　新曜社
- 『よくわかる心理学』無藤隆　森敏昭　池上知子　福丸由佳 著　ミネルヴァ書房
- 『対人援助と心のケアに活かす心理学』鈴木伸一 編著　伊藤大輔　尾形明子　国里愛彦　小関俊祐　中村菜々子　松永美希 著　有斐閣ストゥディア
- 『VISUAL BOOK OF THE PSYCHOLOGY 心理学大図鑑』横田正夫 監修　Newton大図鑑シリーズ
- 『図解　やさしくわかる認知行動療法』福井至・貝谷久宣 監修　ナツメ社

【Webサイト・記事】

- 日本ストレスマネジメント学会 Japan Society of Stress Management
  https://plaza.umin.ac.jp/jssm-since2002/
- 一般社団法人日本認知・行動療法学会
  https://www.jabct.org/
- 一般社団法人公認心理師の会
  https://cpp-network.com/
- 文部科学省「心のケアの基本」
  https://www.mext.go.jp/a_menu/shotou/clarinet/002/003/010/003.htm
- 文部科学省　在外教育施設安全対策資料
  https://www.mext.go.jp/a_menu/shotou/clarinet/002/003/010.htm
- 株式会社日本・精神技術研究所「アサーション＜自己表現＞トレーニング」
  https://www.nsgk.co.jp/kojin/at
- ココロト「①アサーションとは」
  https://cocoro-to.jp/2021/04/19/assertion01/
- Sirabee「他人の目を気にしながら生きている人が多数も…年齢とともに開き直る傾向に」
  https://sirabee.com/2019/07/08/20162112771/

column
知識の TEA TIME

同じ情報でも提示の仕方と受け取る人によって発生する感情は変わります。

ポジティブフレームとネガティブフレーム
——フレーム効果（Framing Effect）

　フレーム効果とは、同じ内容の情報でも提示の仕方や表現（フレーム）によって、人々の判断や選択が大きく変わる現象を指します。

　この概念は、認知心理学者アモス・トベルスキーと心理学者ダニエル・カーネマンによって提唱されました。

　例えば、健康促進のための運動について「90%の人が効果を実感しています」と伝えた場合と、「10%の人が効果を実感していません」と伝えた場合、データは同じでも人々の反応が異なり、前者の方が実践する人が増えるという報告もあります。

　この効果は日常の意思決定から広告や政策設計まで幅広い分野で応用されており、情報の提示方法がいかに重要かを示す代表的な心理学の概念です。

コップに入っている半分の水を見てどう感じるか？

見る人の視点（フレーム）によって正反対の気持ちが生まれ、受ける印象はプラスにもマイナスにも変わります。

PART 4

心理療法を実践しよう

この章では、自分で自分を助けるために役立つ具体的なストレス対処法を紹介します。知識や理論を学びながら、リラクセーションや呼吸法などを日常生活に取り入れることで、より効果を感じられるはずです。自分がストレス対処法を身に付けたらそれを家族や友だちにも伝えて、一緒に活用してみましょう。

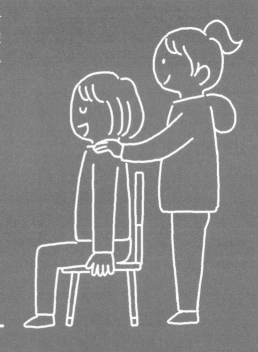

章もくじ

- 友だちから急に「明日、遊べなくなった」と連絡が来た。ムカつくなあ。私、嫌われたの？
- こんなストレスいっぱいの世の中はいやだ!!
- 最近よく聞くコーピングって何？どんなことをすればいいの？
- リラクセーションってどんな方法があるの？
- 最近友だちも疲れているし、一緒にできるリラックス法はありますか？
- マインドフルネスって何ですか？

私たちを動揺させるのは
出来事ではなく、
そのことをどう捉えるかだ。

完璧である必要はない。
自分を受け入れることが、
前進する第一歩。

アルバート・エリス
Albert Ellis
1913-2007

PART4 　心理療法を実践しよう

Q 友だちから急に「明日、遊べなくなった」と連絡が来た。ムカつくなあ。私、嫌われたの?

A ちょっと立ち止まって。どんどんネガティブな思考になっていないか見直してみましょう。

認知再構成シートを活用して気持ちを楽に

「認知再構成法」は、認知行動療法で用いられる方法の一つで、「考え方のパターンに気付いて、気持ちを楽にする」ためのものです。人は何か嫌なことがあると、つい「もうダメだ」と思い込んだり、「自分には無理」と決めつけたりすることがあります。でも、その考えは必ずしも正しいとは限りません。認知再構成法を活用し、自分が楽になる考え方に気付くことができると、状況に合った行動ができるようになっていきます。

❶ **いつ?どこで?**
〇月〇日　教室で

❷ **どんな出来事?**
遊ぶ約束をしていた友だちから突然「明日は遊べなくなった」と言われた

❸ **その時の気持ち**
怒り（90点）　悲しみ（60点）

❹ **最初に浮かんだ考え**
私のことが嫌いなんだ（80%）
遊ぶのがめんどくさくなったんでしょ（70%）

❺ **自分を応援する考え**
また今度約束したらいいや（60%）
私も急に都合が悪くなることはある（60%）

❻ **それに基づく気持ち**
怒り（50点）　悲しみ（30点）　楽しみ（50点）

約束していた友だちから急に「明日、遊べなくなった」という連絡をもらうと、腹がたったり、不安になったりすることがあるかもしれません。「嫌われたのかな」と思ってしまうこともあるでしょう。

でも、その考えはもしかしたら思い込みに過ぎないかもしれません。なにより不安やいらだった気持ちのまま行動すると、友だち関係を悪化させることになりかねません。

実は、こういう時に自分で自分の考え方を整理して、心を落ち着かせる方法があります。

ここでは、認知行動療法で使われている「認知再構成法」を紹介します。この方法を使うと、出来事に対する考え方にはさまざまな選択肢があることに気付き、自分を応援する考え方ができるようになります。その結果、気持ちが楽になったり、より良い行動をとれるようになったりすることが期待できます。

このような方法は、「友だちからメールの返事が来ない」「部活動で自分ばかり怒られている気がする」などといったさまざまな場面においても活用することが可能です。

ストレスを感じた日時や場所を記録する。

ストレスを感じた状況や場面、出来事を具体的に記載する。

ストレスを感じる出来事に直面した時の感情とその強さを100点満点で評価する（最高に強い時を100点とする）

出来事に対して感情が生まれた場合、どのような考え（認知）が浮かんだかを記述し、その考えが正しいと思う「確信度」を0～100％で評価する。浮かんだ考えはいくつでもオッケー。（合計で100になる必要はありません）

最初に浮かんだ考えに対して、自分を応援するような、気持ちが楽になるような考え方を改めて考えて、書き出す。あわせて、その考えが正しいと思う「確信度」を0～100％で評価する。

自分を応援する考えに基づいて生まれてきた感情とその強さを100点満点で評価する。（最高に強い時を100点とする）

このページのキーワード

【認知再構成法】
ストレスや不安を引き起こす自動思考を客観的に見直し、より現実的であったり、気持ちが楽になったりするような思考に気付くための心理療法の技法。

【認知行動療法】
人の行動や認知（考え方）、感情、身体反応と、その人を取り巻く環境との相互作用に着目して、適応を促進させるための支援技法。

この方法のいいところは、考え方の選択肢を増やすことが習慣付けられると、日常生活でもいろいろな選択肢を考えて行動できるようになるところです。

最初の気持ちの評価と比較して、少しでも気持ちが楽になっているか、ストレスが減っているかを確認する

PART 4　心理療法を実践しよう

Q こんなストレスいっぱいの世の中はいやだ!!

A ストレスを正しく理解することで自分で自分を助けられます!

■ ストレスのしくみ

出来事や刺激など（ストレッサー）に直面すると、様々な症状が現れます。これをストレス反応といいます。

ストレッサーの種類

刺激の種類から、外的ストレッサーと内的ストレッサーに分類されます。

外的ストレッサー
- **物理的ストレッサー**
  寒暖の変化、騒音、高低温による刺激、災害ストレスなど
- **社会的ストレッサー**
  経済情勢の変化、家庭や学校の人間関係など

内的ストレッサー
- **心理的・情緒的ストレッサー**
  緊張、不安、悩み、焦り、寂しさ、怒り、憎しみなど
- **生理的・身体的ストレッサー**
  疲労、不眠、健康障害といった生理的、身体的状況の変化など

対応できなくなると…

ストレッサーが原因で起こるストレス反応

※ 🟣 は体の反応
　 🟢 は心の反応

眠れない（眠り過ぎることも…）

気分が晴れない

このページのキーワード

【ストレッサー】
ストレスを生じさせる刺激。

【ストレス反応】
ストレッサーに適応するために、心や身体に生じる様々な反応のこと。

【ストレス】
刺激（ストレッサー）を受けた時に生じる、心や身体の緊張状態のこと。

確かに現代はストレスの多い時代といわれます。体調不良で病院に行っても、「原因はストレスですね」といわれることもあるかもしれません。でも、実際のところ、あなたはストレスについてどの程度知っていますか？

例えば、「イライラする」という意味で使う「ストレスがたまる」という時の「ストレス」は、心と体の変化を指す「ストレス反応」のこと。一方で、「あの人と話すのがストレス」という場合、「あの人との会話」は、ストレス反応を引き起こす出来事という意味の「ストレッサー」を指します。試合や試験というストレッサーがあり、不安やイライラ、緊張というストレス反応が生じた時、それをどう受け止め、対処するかによって、行動やパフォーマンスが変わってきます。ストレスについて正しく理解し、適切に対処（コーピング）すれば、あなたのストレスは軽減できる可能性があります。

集中できない

イライラする

反応が心理面に現れる人もいれば、身体面に現れる人も…

緊張する

食欲がない

食べ過ぎることも…

対処法（コーピング）を知れば怖くない！

PART4 心理療法を実践しよう

Q 最近よく聞くコーピングって何？どんなことをすればいいの？

A ストレスに対処するための方法や行動のことです。

　コーピング（coping）とは、ストレスに対処するための行動のことです。語源は英語で「対処する」「対応する」という意味を持つ「cope」です。ストレスに悩む人が、自分でストレス対処をして、ストレスにつながる問題を解決したり、心の負担を軽くしたりできるようにと、アメリカの心理学者リチャード・ラザルスとスーザン・フォルクマンが共同研究の上、提唱した概念です。コーピングは、大きくは「ストレッサー」に対処する方法と「ストレス反応」に対処する方法に分けられます。

　ストレスを引き起こすストレッサーへの対処方法の一つは、その問題を解決しようと試みることです。これを問題焦点型コーピングと呼びます。例えば、試験のことが心配なら勉強すること。試合前なら練習することです。

　「眠れない」「食欲がない」など、身体や心に現れるストレス反応に対処するには、リラックスできる行動をすることです。これが情動焦点型コーピングです。深呼吸したり、ゆっくりお風呂に入ったり、好きな音楽を聴くなど、自分に合ったリラックス法を持っていればストレス反応が出た時に対処できるようになります。

　ストレス対処には、「問題焦点型」「情動焦点型」それぞれのコーピングをストレッサーに合わせて使い分けることが有効であると考えられています。自分の気持ちや状況をよく観察し、自分に合った方法を試してみましょう。

認知行動療法とコーピングの関係

コーピングには、問題を解決する方法や気持ちを楽にする方法がありますが、その具体的な方法を習得するためには、認知行動療法（CBT）が有効です。CBTでは、ストレッサーや考え方（認知）、行動の関係に着目し、現実的で前向きな視点を持つ練習等を行います。自分に合ったコーピング方法を身に付けることで、気持ちをコントロールし、問題にしっかり向き合う力を養います。

このページのキーワード

【ストレッサー】
ストレスを引き起こす要因や出来事のこと

【ストレス反応】
ストレッサーに適応するために、心や身体に生じるさまざまな反応のこと

【コーピング】
ストレスに対処し、心身のバランスを保つための行動や思考の工夫のこと

認知行動療法では、ストレッサー、ストレス反応、コーピングのそれぞれにアプローチして、ストレスとうまく付き合う方法を身に付けます。

ラザルス＆フォルクマンの コーピング分類

ラザルスとフォルクマンは、ストレスに対処するための心理的な対応のあり方を「問題焦点型」と「情動焦点型」の2つの主な要素に分けて体系化し、現代のストレスマネジメントや心理療法の基礎を築きました。

1 問題焦点型コーピング
（Problem-focused coping）

ストレスの要因となる問題や状況に直接的に取り組み、解決や改善を図ることをめざす方法です。

問題に立ち向かう

- テスト前に勉強する
- 大会に備えて練習する
- 悩みを書き出す
  前向きに取り組む　など

2 情動焦点型コーピング
（Emotion-focused coping）

ストレス反応の緩和を目的とする方法です。ストレスの要因となるストレッサー自体を取り除くことが難しい場合に、感情を受け入れながら不安や緊張を和らげていくことをめざす方法です。

ストレスをやわらげる

- リラクセーション
- マインドフルネス
- 深呼吸する　など

問題から一時的に離れる

- 好きな音楽を聴く
- 歌を歌う
- 友だちと話す
- ペットと触れ合う
- 外出する　など

PART4 心理療法を実践しよう

Q リラクセーションってどんな方法があるの?

A いつでもどこでも簡単にできる「10秒呼吸法」を紹介します

ストレスを感じると、心だけでなく体も緊張して硬くなります。ストレス反応そのものは人間にとって必要な側面も持っていますが、強すぎるストレスは不眠や抑うつなどの精神疾患や、身体的な病気につながることもあります。そうならないためにも、日頃からリラクセーションを行うことが大切です。ここでは、いつでもどこでも簡単に行える代表的なリラクセーションを紹介します。緊張して硬くなった身体をほぐしたり、心を落ち着かせたりするには呼吸を整えることが有効です。

「10秒呼吸法」は、軽い運動にもなり、ストレス反応が軽減されます。リラックスすることで体の緊張がほぐれ、気分がスッキリすることを実感してください。その体験が習慣化すれば、日常生活の中でストレスを感じた時にも、うまくコントロールできるようになります。特別な場所も道具も必要ありません。試験や試合の直前、授業が始まる前のちょっとした時間などに実施してみてください。

呼吸法と併せて行うとさらに効果的なのが、さわやかイメージ法です。自分が心地よいと感じる場面を心の中で想像するだけで、気持ちよく感じることができます。

リラクセーションを日常的に行うことは、ストレスの軽減だけでなく、勉強やスポーツ等のパフォーマンスを高めることにもつながります。

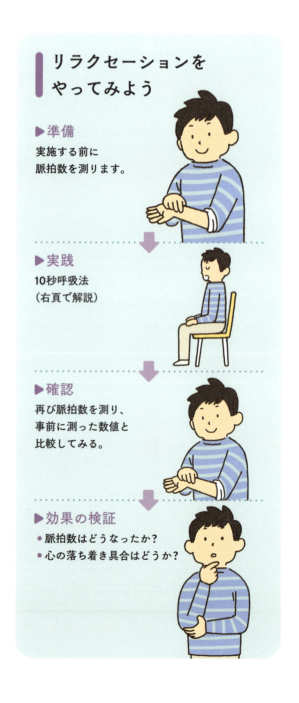

リラクセーションをやってみよう

▶準備
実施する前に脈拍数を測ります。

▶実践
10秒呼吸法
(右頁で解説)

▶確認
再び脈拍数を測り、事前に測った数値と比較してみる。

▶効果の検証
・脈拍数はどうなったか?
・心の落ち着き具合はどうか?

10秒呼吸法

ゆっくりと深く呼吸するだけで簡単にリラックスできる動作法です。いつでも、どこでも簡単に実施でき、慣れてきたら立っていても座っていてもできるようになります。

座って行う場合

❶ 背にもたれ、ゆったり座る。足の裏は床につける。

❷ 両手をお腹に重ねてあて、1・2・3で鼻から息を吸い込む。

❸ 4で軽く息を止め5・6・7・8・9・10でゆっくり口から息を吐きだす。

❹ 軽く目を閉じて、手順❶〜❸の呼吸を繰り返す。吸う時はお腹を自然にふくらませ、吐く時はへこませる。自分のリズムでゆったりと腹式呼吸をする。

消去動作（すっきり動作）

リラクセーションを実施した後は、必ず消去動作もセットで実施しましょう。簡単な呼吸法でも深くリラックスする人もいます。
寝起きにすぐ立ち上がってくらくらしたり、頭に重い感じが残ったりすることがあるように、消去動作をきちんと実施しないと、同様の状態になることがあります。

❶ 目を閉じながら徐々に自然な呼吸に戻し、手を閉じたり開いたり（グーパー）する。

❷ 腕を伸ばしたり曲げたりしてヒジの屈伸をする。

❸ 背もたれから体を起こし、伸びをしてから脱力し目を開く。

詳しくしりたい人はQRコードから

合わせて実施すると効果的 さわやかイメージ法

想像するだけで、実際に体験した場合と同様の反応、または、それに近いものが現れます。リラクセーションの後に実施すると効果的です。

❶ 10秒呼吸法などのリラクセーションで心と身体をゆるめる。

❷ おだやかな海や心地よい音楽など、心が落ちつき気分がよくなるものをイメージ（1〜2分）。

❸ 消去動作をして終了。

PART 4 心理療法を実践しよう

Q 最近友だちも疲れているし、一緒にできるリラックス法はありますか?

A 2人で行うペアリラクセーションを紹介します。

コミュニケーションもとれて心も楽になるペアリラクセーション

ペアリラクセーションは、リラックス法を体験する人と応援する人の2人1組で実施します。友だち同士、または家族で気軽に取り組むことができます。

前の人 リラックスする人

後ろの人 リラックスを手伝う人

1 構えの姿勢

リラックス法を体験する人は構えの姿勢を取る。背を立てて床に足の裏をしっかりつけて、両腕はぶらんと垂らす。応援する人は後ろに立って、リラックスする人の肩に手を置く。

- ☐ 後ろの人の手から伝わる温かさを感じる。
- ☐ 前の人は、構えの姿勢。
- ☐ 後ろの人は、前の人の肩に手を置く。
- ☐ 指先に力を入れたりしないで、優しく手を置く。

2 肩を上げる

リラックス法を体験する人は背筋をまっすぐにしたまま、応援する人の置いた手の重みを感じながら肩を高く上げる。応援する人は「上手にできているよ」など優しい声かけをする。

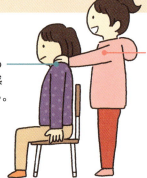

- ☐ 前の人は、後ろの人の温かさや手の重みを感じながら、肩を上げる。
- ☐ 前の人が頑張っているのを感じて応援する気持ちで、「上手にできているよ」など優しい声かけをする。

疲れていたり、ストレスがたまっていたりする時は、気づかないうちに筋肉が緊張した状態になっていることがあります。放っておくと睡眠の質が下がったり、体のコリや痛みにつながったりすることもあります。また、それによって集中力が低下したり、イライラしたりする状態を引き起こすこともあります。

そんな時は「リラクセーション」で緊張した身体を解放しましょう。肩は身体の中でも心の状態が反映されやすい場所です。肩をほぐすことで、気持ちもほぐれます。

1人でも効果がありますが、ここでは、さらに効果的な「ペアリラクセーション」を紹介します。友だちと一緒に行うことで、1人では気付けない身体の状態がわかったり、応援してもらうことで気持ちが楽になったりします。ストレスや身体に緊張を感じた時など、繰り返し行うとその効果をより深く体験できます。

❸ 肩の力を抜く

リラックス法を体験する人は肩を上がるところまで上げたら、そこで止めて背筋をまっすぐにしたままストンと力を抜く。応援する人は両手を肩に置いたままにする。

- 後ろの人の手を置いたまま、前の人はストンと肩の力を抜く。
- 肩の力を抜いても背中はまっすぐに。
- 手はしっかりと優しく置いたままにする。

❹ 手を離す

リラックス法を体験する人の肩の力が抜けたと感じたら、応援する人はゆっくりゆっくり肩に置いた両手を離していく。手が離れた後の感じ、変化について2人で話し合う。

- 手が離れた後、どんな感じがしたか、変化を2人で話し合う。
- 後ろの人は、前の人の肩の力が抜ける感じがわかったら、ゆっくり手を離す。

❶〜❹を2回繰り返しましょう

このページのキーワード

【リラクセーション】
心身の緊張をときほぐし、リラックスさせる動作法のこと。

【ペアリラクセーション】
2人1組で行うリラクセーションのこと。一人で行うよりも肩のゆるみの心地よさなどを明確に実感することができる。

友だちに応援してもらうと気持ちが楽になるね。自分一人でわからない時や困った時は、友だちの力を借りるといいよ。

PART4 心理療法を実践しよう

Q マインドフルネスって何ですか？

A 過去や未来のことを考えず「今、この瞬間にだけ意識が向いている」という心の状態のことです。

自然と「今、この瞬間」に意識を向けられる 3分で効果抜群「マインドフルネス呼吸法」

① 準備

イスに座って姿勢を整える。背もたれに寄りかからず、両足の裏を床につける。目を閉じられる人は1.5mほど先の床一点を見つめてゆっくりと目を閉じる。

▶ Point
- 何度か伸びをすると、楽に呼吸ができる姿勢をとりやすい。
- 閉じると寝てしまいそう、めまいがしそうという人は目を開けたままでもOK。

② 3分間普段通りの呼吸を行う

普段通りの呼吸を繰り返して自分の呼吸に意識を向ける。息を吸った時の胸やお腹のふくらみ、吐いた時の縮み、空気が入っていく様子など実況中継のように観察する。3分経過したら、ゆっくりと目を開ける。

▶ Point
- 途中で「お腹が空いたなあ」など別のことに意識がそれても、それを否定したり、打ち消したりしない。
- 意識がそれたことを認識してから、呼吸に意識を向け直す。

マインドフルネスという言葉はよく聞くけれど、具体的に何のことだかわからないという人は多いでしょう。瞑想や呼吸法を連想する人も多いようですが、本来は〇〇法というメソッドではなく、「今、この瞬間にだけ意識が向いている」という心の状態を表す言葉です。

私たちは、「来週の試験不安だな」と未来のことを不安に感じたり、「友だちにあんなこと言わなければ……」と過去を思い出して落ち込んだりすることがあります。つまり、あれこれ考えをめぐらす状態は、「今、この瞬間」にはなかなか留まっていないのです。

それに対し、今のこの瞬間に、心に浮かぶ感覚をありのままに感じるだけの状態でいることは、不安や抑うつなどのストレス反応を和らげ、創造力を高める効果があると言われています。座禅や瞑想も古くから伝わるマインドフルネスのトレーニングの一つと言えますが、ここでは、いつでもどこでも簡単にできるマインドフルネスの手法を紹介します。

> **このページのキーワード**
>
> 【マインドフルネス】
> 「今、この瞬間だけに意識が向いている」という心の状態のこと。
>
> 【ストレス反応】
> ストレッサーに適応するために、心や体に生じる様々な反応のこと。

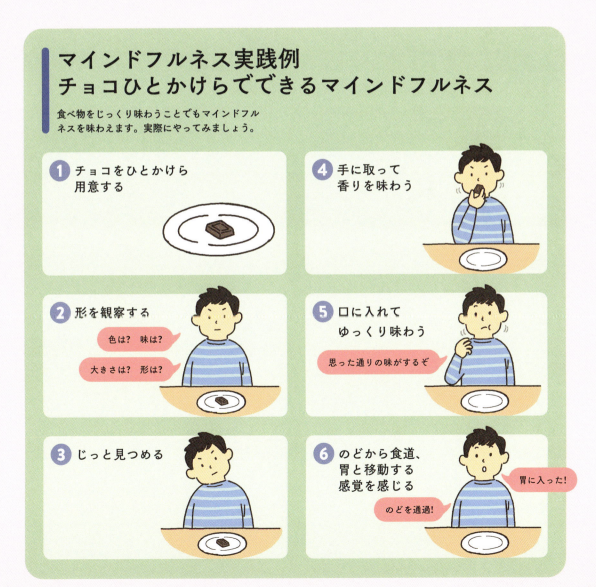

マインドフルネス実践例
チョコひとかけらでできるマインドフルネス

食べ物をじっくり味わうことでもマインドフルネスを味わえます。実際にやってみましょう。

1. チョコをひとかけら用意する
2. 形を観察する — 色は？ 味は？ 大きさは？ 形は？
3. じっと見つめる
4. 手に取って香りを味わう
5. 口に入れてゆっくり味わう — 思った通りの味がするぞ
6. のどから食道、胃と移動する感覚を感じる — のどを通過！ 胃に入った！

PART 4 参考文献・資料

【書籍・論文・報告書】

- 『図解でわかる 14歳からのストレスと心のケア』一般社団法人社会応援ネットワーク　太田出版
- 『ワークシート付きアサーショントレーニング—自尊感情を持って自己を表現できるための30のポイント』田中和代 著　黎明書房
- 『学校で使える5つのリラクセーション技法』藤原忠雄 著　ほんの森出版
- 『学校応援便り2013春』一般社団法人社会応援ネットワーク
- 『マインドフルネス　ストレス低減法』ジョン・カバットジン 著　北大路書房
- 『マインドフルネスで気持ちが落ち着く！「しずか」をつくる教室アクティビティ50』三好真史 著　黎明書房
- 『リラクセーション法の理論と実際　第2版』五十嵐透子 著　医歯薬出版
- 『心理学』鈴木常元　谷口康富　有光興記　茨木博子　小野浩一　芽原正　永田陽子　間島英俊　八巻秀 著　新曜社
- 『よくわかる心理学』無藤隆　森敏昭　池上知子　福丸由佳 著　ミネルヴァ書房
- 『対人援助と心のケアに活かす心理学』鈴木伸一編著　伊藤大輔　尾形明子　国里愛彦　小関俊祐　中村菜々子　松永美希 著　有斐閣ストゥディア
- 『VISUAL BOOK OF THE PSYCHOLOGY 心理学大図鑑』横田正夫 監修　Newton大図鑑シリーズ
- 『図解　やさしくわかる認知行動療法』福井至・貝谷久宣 監修　ナツメ社

【Webサイト・記事】

- 日本ストレスマネジメント学会 Japan Society of Stress Management
https://plaza.umin.ac.jp/jssm-since2002/
- 一般社団法人日本認知・行動療法学会
https://www.jabct.org/
- 一般社団法人公認心理師の会
https://cpp-network.com/
- 文部科学省「心のケアの基本」
https://www.mext.go.jp/a_menu/shotou/clarinet/002/003/010/003.htm
- 文部科学省　在外教育施設安全対策資料
https://www.mext.go.jp/a_menu/shotou/clarinet/002/003/010.htm
- 株式会社日本・精神技術研究所「アサーション＜自己表現＞トレーニング」
https://www.nsgk.co.jp/kojin/at
- ココロト「①アサーションとは」
https://cocoro-to.jp/2021/04/19/assertion01/
- Sirabee「他人の目を気にしながら生きている人が多数も…年齢とともに開き直る傾向に」
https://sirabee.com/2019/07/08/20162112771/

知識の TEA TIME / column

○○さん！

パーティーの会場や人混みの中など、さまざまな会話が聞こえる状況でも、自分を呼ぶ声や自分に関する話題が耳に入りやすいのは、脳が自動的にフィルタリングして処理しているからです。

自分自身に関することには敏感に反応!?

── カクテルパーティー効果（cocktail-party effect）

　周囲が騒がしい状況でも、自分の名前や興味のある話題が耳に入ったとき、それを自然と聞き取る能力を、カクテルパーティー効果と呼びます。これは、脳が膨大な情報の中から、自分に関係する情報を選び取る能力を持っているために起こる現象です。これと同様に、自分の悪口や否定的な話題に気付きやすいのも、脳が悪口を「潜在的脅威」として認識しやすいため、敏感に反応しているからと考えられています。

　自分に関連する話題への敏感さは、脳の選択的注意と自己関連性の高い情報への感受性に基づく現象であり、共通の心理的な基盤を持っています。悪口のようなネガティブな情報には、感情的要素が追加されるため、さらに注意が引きやすいという点で、より強い反応を示すことがあります。

むかしむかしある所に…
○月○日△時ごろ××町で…

コリン・チェリーの実験（1953）
イギリスの認知心理学者エドワード・コリン・チェリーが、被験者にヘッドホンから左右別々のメッセージを聞かせ、意識をどちらか一方に向かわせると、被験者は意識した側だけの情報を取り入れていることがわかりました。

用語集&索引

【ABC理論】
えーびーしーりろん

ある出来事(A)が結果(C)を生むのではなく、その途中には媒介として認知(B)があるとする考え方。認知行動療法もこの考えに基づく。
▶P42,43,51

【アーロン・T・ベック】
あーろん・てぃー・べっく

アメリカの医学者、精神医。うつ病の治療に関する研究で知られる。精神分析的アプローチに限界を覚え、新たな治療法の確立に向けて研究を続け、認知行動療法の理論的基礎を形作った。
▶P40,42

【アクティベーション】
あくてぃべーしょん

交感神経が活発に働き、心身を興奮状態にする方法のこと。末しょう血管は収縮し、心拍数や血圧が上がる。
▶P56,57

【アサーション】
あさーしょん

1940年代にアメリカの心理学者が提唱した行動療法の手法の一つ。他者同士が望ましい関係性を作るために、お互いを尊重し合うアサーティブなコミュニケーションが重要であると考えられている。
▶P62,63,68,84

【アルバート・エリス】
あるばーと・えりす

アメリカの臨床心理学者で、論理療法の創始者。当初はフロイトなどからの影響で精神分析の実践を試みたが、後にベックの理論に同調し認知行動療法の基礎となる理論を研究した。認知行動療法の基礎を築いたとされる。
▶P42,43,71

【アルバート・バンデューラ】
あるばーと・ばんでゅーら

カナダの心理学者。自己効力感や社会的学習理論の研究で知られる。著書に『攻撃性―社会学的学習分析』『社会的学習理論』『思考と行為の社会的基礎―社会認知理論』などがある。
▶P36

【アンガーマネジメント】
あんがーまねじめんと

怒りを爆発させずに鎮めたり、エネルギーに換えたりして、怒りの感情をコントロールすることとその手法。
▶P66,67

【イワン・パブロフ】
いわん・ぱぶろふ

「パブロフの犬」の実験で有名なロシアの生理学者。サンクトペテルブルク大学で自然科学を修めた後に医師の資格を取得。医学研究所生理学実験室長として勤務。1904年にノーベル生理学・医学賞を受賞。
▶P30

【エクスポージャー(暴露療法)】
えくすぽーじゃー(ばくろりょうほう)

不安症やPTSD(心的外傷後ストレス障害)の治療法として、患者にとって不安やストレスの原因である刺激に、あえて段階的に触れることで不安感を低減させる療法のこと。
▶P32,33

【オペラント条件付け】
おぺらんとじょうけんづけ

人間や動物が、ある行動を起こした直後に刺激が出現、または消失することで、行動の頻度を意図的に増減させる学習のしくみのこと。道具的条件付けとも呼ぶ。
▶P22,23,24,35,36,38

【学習性無力感】
がくしゅうせいむりょくかん

長期にわたり苦痛やストレスの環境下に置かれた人や動物が、その状況から逃れることをあきらめて無気力になる現象。家庭内暴力を受ける子どもや、抑うつ症の患者に強く見られる。
▶P38,39

【カール・グスタフ・ユング】
かーる・ぐすたふ・ゆんぐ

スイスの精神科医、心理学者でユング心理学（分析心理学）の創始者。無意識の深層にある共通要素や人間の多様な性格を理解する枠組みを築くなど、フロイトとは異なる視点で心理学の発展に大きく寄与した。　▶P44,45

【公認心理師】
こうにんしんりし

2015年に成立した公認心理師法に基づく心理職にまつわる国家資格。心理学に関する専門知識と技術を用いて、助言や指導、援助、分析などを行う。　▶P15,19,21

【コーピング】
こーぴんぐ

ストレスに対処し、心身のバランスを保つための行動や思考の工夫のこと。　▶P54,55,74,76,77

【自動思考】
じどうしこう

出来事などの刺激に対し、自分の意思とは無関係に想起される考えやイメージのこと。ネガティブな自動思考は抑うつ症状やパニック障害を引き起こすことがある。　▶P40,41,64,65

【自己効力感】
じここうりょくかん

社会学習理論の中核をなす概念の一つ。「ある状況の中で、自分が必要な行動をうまく遂行できる」と、自分の可能性について認知していること。　▶P36,37,38,39

【自傷行為】
じしょうこうい

辛い感情から逃れるための対処法の一つとして、自分の身体を傷つける行為のこと。　▶P58,59

【社会的学習理論】
しゃかいてきがくしゅうりろん

他者の行動を観察して模倣することが学習にとって重要だとする理論で、バンデューラが提唱した。　▶P36

【社会心理学】
しゃかいしんりがく

社会学から派生して誕生した心理学の分野。人間の行動や感情が他者や集団といった社会的環境からどのように影響を受けるのかを主に研究する。　▶P14,16,17

【順化／消去】
じゅんか／しょうきょ

レスポンデント条件付けが成立した状態から「危険がない」と学習し刺激に慣れる過程を順化、条件付け自体が時間とともに減衰し、やがて反応を示さなくなることを消去と呼ぶ。　▶P32,33

【条件反応／無条件反応】
じょうけんはんのう／むじょうけんはんのう

ある刺激に対して神経系を通して生じる生物の反応を無条件反応といい、「パブロフの犬」に代表されるような、後天的な学習によって引き起こされる反応を条件反応と呼ぶ。　▶P30,31

【ジョン・B・ワトソン】
じょん・びー・わとそん

行動主義心理学を創始したアメリカの心理学者。後にビジネスの世界に転身し、心理学の手法を応用した広告制作などを行った。　▶P32,33

【ジークムント・フロイト】
じーくむんと・ふろいと

オーストリアの心理学者、精神科医。自由連想法で夢を解析し、無意識下の心理状態を研究し「精神分析」を創始した。心理学や精神医学の発展以外に文化や思想にも多大な影響を与えた。
▶P42,44,45

【スクールカウンセラー】
すくーるかうんせらー

学校において、児童・生徒の心の健康や心理的問題に対応する専門家。個別カウンセリングやグループセッションを通じ、より良い学校生活をサポートする役目を担う。
▶P19,21

【ストレス】
すとれす

刺激(ストレッサー)を受けた時に生じる、心や身体の緊張状態のこと。
▶P54,55,74,75

【ストレス反応】
すとれすはんのう

ストレッサーを原因として心理面、身体面、行動面に現れる反応。身体的な反応では頭痛、動悸、発汗、息切れ、めまい、震え、腹痛、便秘、下痢、不眠などがある。
▶P54,55,74,75,76,77,78,83

【ストレッサー】
すとれっさー

ストレスの原因となる刺激のこと。生活環境ストレッサー(人間関係、環境変化など)、外傷性ストレッサー(暴力、被災体験など)、心理的ストレッサー(○○したらどうしようという不安など)がある。
▶P41,54,55,74,75,76,77,83

【セルフコントロール】
せるふこんとろーる

オペラント条件付けの考え方に基づき、望ましい行動を増やしたり望ましくない行動を減らしたりするために、自ら刺激を加減して行動をより良い方向に変えること。
▶P34

【セルフモニタリング】
せるふもにたりんぐ

ストレスや心理的問題への対処法を見つけるため、毎日の心身の状態を観察、記録する手法で、認知行動療法でよく用いられる。
▶P60,61

【漸進性弛緩法】
ぜんしんせいしかんほう

リラクセーションの一つで、意識的に筋肉に力を入れてから脱力し、無意識に緊張した筋肉を緩める方法。
▶P56,57

【ソーシャルスキルトレーニング】
そーしゃるすきるとれーにんぐ

コミュニケーション能力(ソーシャルスキル)の向上を目的とした訓練のこと。心理的問題を抱える人を想定し、社会生活における困難を解消するためのプログラムとして開発された。
▶P52,53

【対人援助】
たいじんえんじょ

問題解決や目標達成を援助することを対人援助といい、医療、保健、教育など、援助を必要とする人と実際に関わりながら支援する職業を対人援助職という。
▶P17,20,21

【認知(考え方)】
にんち(かんがえかた)

きっかけとなる状況や出来事を受けて、それに対する意味付けや解釈を行う思考プロセスのこと。同じ状況、出来事であっても、人によって認知が異なるため、結果として生起される感情や行動も異なる。
▶P22,40,41,42,43,50,51

【認知行動療法】
にんちこうどうりょうほう

人の行動や認知(考え方)、感情、身体反応と、その人を取り巻く環境との相互作用に着目して、適応を促進させるための支援技法。
▶P24,25,72,73,76

【認知再構成法】
にんちさいこうせいほう

ストレスや不安を引き起こす思考を客観的に見直し、より現実的で落ち着いたポジティブな視点に変える心理療法の手法。
➡ P72,73,90

【バラス・F・スキナー】
ばらす・えふ・すきなー

アメリカの心理学者で、人間や動物の行動を心理学を用いて研究する行動分析学の創始者。「スキナーボックス」の実験により、オペラント条件付けを発見し理論化した。
➡ P29,34,35,36

【ペアリラクセーション】
ぺありらくせーしょん

2人1組で行うリラクセーションのこと。一人で行うより肩のゆるみの心地よさなどを明確に実感することができる。
➡ P80,81

【ポジティブ／ネガティブ】
ぽじてぃぶ／ねがてぃぶ

ポジティブは肯定的、前向きなど、物事をプラスとマイナスで例えた場合のプラス側の意味。ネガティブはその逆で、否定的、後ろ向きなど、マイナス側の意味を表す。
➡ P50,51

【マーティン・セリグマン】
まーてぃん・せりぐまん

学習性無力感の発見で知られるアメリカの心理学者。ネガティブよりポジティブに関心を向けることが幸福への鍵だと考えたポジティブ心理学の創始者の一人。
➡ P38,39

【マインドフルネス】
まいんどふるねす

「今、この瞬間だけに意識が向いている」という心の状態のこと。
➡ P59,77,82,83

【抑うつスキーマ】
よくうつすきーま

抑うつ症状やパニック障害をもたらす自動思考の根源にある個人の考え方のくせや信念のこと。
➡ P40,41

【リラクセーション】
りらくせーしょん

心身の緊張をときほぐし、リラックスさせる動作法のこと。
➡ P3,56,57,59,65,70,77,78,79,80,81

【臨床心理学】
りんしょうしんりがく

心理学の一分野で、心の健康や問題を科学的に理解し、診断、治療、支援を行う学問。
➡ P2,15,17,18,19,25,40,42,44,49

【レスポンデント条件付け（古典的条件付け）】
れすぽんでんとじょうけんづけ
（こてんてきじょうけんづけ）

ある行動を無関係な刺激と関連付けることで発現させる学習のしくみ。行動を起こす原因がその行動の前にある場合（条件反射など）を総称してレスポンデント行動という。
➡ P30,32,33,34

【論理療法】
ろんりりょうほう

心理療法の手法の一つで、理性感情行動療法（REBT）とも呼ばれる。出来事や刺激に対して、論理的な思考を獲得することで、心理的問題や生理的反応を解消できるとする。
➡ P42

> おわりに

自分で自分を助ける力を
少しずつ身につけよう！

　ここまで読んでくれてありがとうございます。あなたにとって、共感できる内容や役に立つ情報はみつかりましたか？

　社会応援ネットワークの「図解でわかるシリーズ」は、読者のみなさんからの悩みやリクエストをもとにテーマを選び、対話しながら制作・編集を進めています。

　たとえば、2022年に発行された「図解でわかる14歳からのストレスと心のケア」は、中学生からの悩み相談のメールが制作のきっかけとなりました。発行後には、「自分の悩みを解消できる具体的な方法がわかって助かった」「もっと深く心のケアを学びたい」「友だちを助けられるようになりたい」といった続編を望む声をたくさんもらいました。

　そこで、日々のストレスや悩みに向き合い、「自分で乗り越えることができるように」と心理学の"理論から実践まで"を学べる本書を作ることになりました。

　今回も、監修の小関俊祐先生や取材協力の杉山智風先生らのお力をかりて、事前に中高生や大学生・院生のみなさんに質問項目をあげてもらいました。その内容をもとにQ&A形式でまとめましたが、出来上がってみると世代に関わらず多くの人が、今知りたいことが詰まった本になったと思います。

　編集部のメンバーも本の中で紹介されている「認知再構成法」や「呼吸法」などを実践して「自分で自分を助ける」ということを実感しながら、いつもより気持ちを楽

図解でわかる
14歳からの
ストレスと
心のケア
(2022年9月刊)

この本に対応するSDGs

にして多忙な編集作業を乗り切ることができました。

あなたもきっと、この本を通じて、自分で自分を助ける力を少しずつ身につけられると思います。

困ったときや迷ったときには、ぜひ手に取ってみてください。そして、もしこの本を通じて自分の中に変化が生まれたら、ぜひ編集部に教えてください。その経験談が、また他の誰かの大きな力になります。

この本が、あなたを支える友だちのような一冊になりますように。

ご相談・お問い合わせは
心の健康サポート部
https://kokoro-support.info/contact/

社会応援ネットワーク
高比良美穂

僕は高校生のときに、「好きなドラえもんやポケモンの話を子どもたちとしながら生きていける仕事ってないかな」と考えて、スクールカウンセラーという仕事を見つけ、そこから心理学に興味をもちました。心理学は日々発展しており、みなさん自身が、将来新しい理論をみつけ、世界中の人の支えになる可能性も大いにあります。本書がみなさん自身だけではなく、たくさんの方々の幸せに繋がるきっかけになることを願っています。

監修
小関俊祐

国連が2030年までに目指す、持続可能な開発目標SDGs

図解でわかるシリーズ既刊

「図解でわかる」シリーズ 好評発売中！

カラー図版満載!!

図解で学ぶ
14歳から身につける
国際マナー

定価　本体1500円＋税

レストランや電車ではどんなマナーが必要？
国際社会で通用するマナーや伝統的な日本の礼法を図解でわかりやすく解説。子どもだけでなく、マナーを身に付けさせたい保護者や教職員にも最適の一冊。

図解でわかる
14歳から学ぶ
これからの観光

定価　本体1500円＋税

観光にまつわる歴史や現代の観光、実際のプラン作成方法まで網羅し図解で解説。世界中の人々が観光で交流し、互いに理解を深め、平和な社会が実現することをめざす1冊。

図解でわかる
14歳からの
ストレスと心のケア

定価　本体1500円＋税

ストレスとは何かを知り、自分自身に適したストレス対処方法を身につけられる実践的な本。子どもだけでなく、保護者や教職員に向けた内容も充実。

図解でわかる
14歳からの
金融リテラシー

定価　本体1500円＋税

「NISAって何？」「将来、何にお金がかかるの？」などの素朴な疑問から、金融全般の知識を網羅。具体的なトラブル対処法も掲載し、実践的な内容に。

図解でわかる
14歳からの
LGBTQ＋

定価　本体1500円＋税

「LGBTQ+って何？」「LGBTQ+だと学校で困ることはあるの？」など、性やジェンダーの問題を、素朴な疑問を切り口にひも解いていきます。自分らしく生きるために必読の1冊。

図解でわかる
14歳からの
自然災害と防災

定価　本体1500円＋税

「地震で電車が止まって帰れない。どうしよう!!」「自宅避難中に断水。トイレは？」現場・状況ごとに違う災害対策を、自分で考えて臨機応変に行動できる力をつける本。

●＝社会応援ネットワーク　著

図解でわかる
ホモ・サピエンスの秘密
定価　本体1200円＋税

最新知見をもとにひも解く、おどろきの人類700万年史。この1冊を手に、謎だらけの人類700万年史をたどる、長い長い旅に出よう。

図解でわかる
14歳から知る
日本戦後政治史
定価　本体1200円＋税

あのことって、こうだったのか！　図解で氷解する日本の戦後政治、そして日米「相互関係」の構造と歴史。選挙に初めて行く18歳にも必携の1冊！

図解でわかる
14歳からの
お金の説明書
定価　本体1200円＋税

複雑怪奇なお金の正体がすきっとわかる図解集。この1冊でお金とうまく付き合うための知識を身につける。

図解でわかる
14歳から知る
影響と連鎖の全世界史
定価　本体1200円＋税

歴史はいつも「繋がり」から見えてくる。「西洋/東洋」の枠を越えて体感する「世界史」のダイナミズムをこの1冊で！

図解でわかる
14歳から考える
AIの未来と私たち
定価　本体1500円＋税

芸術から戦争まで。AI（人工知能）新時代、その全貌。AIが人間を凌駕する、そんな未来でAIは人を「幸せ」にできるのか？

図解でわかる
14歳からの地政学
定価　本体1500円＋税

シフトチェンジする旧大国、揺らぐEUと中東、そして動き出したアジアの時代。これからの世界で不可欠な「平和のための地政学的思考」の基礎から最前線までをこの1冊に！

図解でわかる
14歳から知る
人類の脳科学、
その現在と未来
定価　本体1300円＋税

人類による脳の発見から、分析、論争、可視化、そして ──。脳研究の歴史と最先端。

図解でわかる
14歳からの
天皇と皇室入門
定価　本体1200円＋税

いま改めて注目を浴びる天皇制。その歴史から政治的、文化的意味まで図解によってわかりやすく示した天皇・皇室入門の決定版！

図解でわかる
14歳から知っておきたい
中国
定価　本体1200円＋税

巨大国家「中国」を俯瞰する！　中国脅威論や崩壊論という視点を離れ、中国に住む人のいまとそこに至る歴史をわかりやすく図解！

図解でわかる
14歳からの
宇宙活動計画
定価　本体1500円＋税

旅する、はたらく、暮らす、知る…宇宙はどんどん身近になる。2100年までの宇宙プロジェクトはもう動き出している。その時、きみはどこにいる？

●＝インフォビジュアル研究所　著

図解でわかるシリーズ既刊

SDGsを学ぶ

図解でわかる
**14歳から知る
生物多様性**

定価
本体1500円＋税

私たちの便利な暮らしが生物の大絶滅を引き起こす!? あらゆる命はつながっている。地球だけがもつ奇跡の多様性を守るためにいま知っておくべきこと。気候変動と並ぶSDGsの大問題。

関連するSDGs

図解でわかる
**14歳からの
脱炭素社会**

定価
本体1500円＋税

日本が2050年を目処に実現すると表明した「脱炭素社会」。温室効果ガスの排出量「実質ゼロ」を目指し、自分も、地球も、使い捨てないために、私たちができることは？ 次世代の新常識を学ぶ。

関連するSDGs

図解でわかる
**14歳からの
LGBTQ＋**

定価
本体1500円＋税

「LGBTQ＋って何？」「LGBTQ＋だと学校で困ることはあるの？」など、性やジェンダーの問題を、素朴な疑問を切り口にひも解いていきます。自分らしく生きるために必読の1冊。

関連するSDGs

図解でわかる
**14歳から知る
気候変動**

定価
本体1500円＋税

気候変動に対して人類にできる事は何なのか？多発する水害から世界経済への影響まで、いま知っておきたい、気候変動が引き起こす12のこと。アフターコロナは未来への分岐点。

関連するSDGs

●＝インフォビジュアル研究所 著　●＝社会応援ネットワーク 著

図解でわかる
**14歳から知る
ごみゼロ社会**

定価
本体1500円＋税

私たちにとって身近な「ごみ」と、どのように向き合っていけばよいのか。人類とごみの長い歴史から、ごみゼロ社会への道。日本にもリサイクル率80%の町がある。未来をごみで埋もれさせないために。

関連するSDGs

図解でわかる
**14歳からの
プラスチックと
環境問題**

定価
本体1500円＋税

海に流出したプラスチックごみ、矛盾だらけのリサイクル、世界で進むごみゼロ運動。使い捨て生活は、もうしたくない。その解決策の最前線。

関連するSDGs

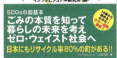
図解でわかる
**14歳からの
水と環境問題**

定価
本体1500円＋税

地球の水システムに何が起きているのか。SDGsの大切な課題、人類から切り離せない「水」のすべて。「水戦争の未来」を避けるための、基本知識と最新情報を豊富な図で解説。

関連するSDGs

図解でわかる
**14歳から
考える
資本主義**

定価
本体1500円＋税

資本主義が限界を迎えた今、SDGsがめざす新しい社会のあり方を考える。「どの本よりも分かりやすく"経済"を図解している」経済アナリスト・森永卓郎氏推薦！

関連するSDGs

図解でわかる
**14歳から知る
食べ物と人類の1万年史**

定価
本体1500円＋税

WFP（国連世界食糧計画）が2020年ノーベル平和賞を受賞したわけは？「生きるための食べ物」はいつから「利益のための食べ物」になったのか。食べ物史1万年を追う。

関連するSDGs

監修 小関俊祐（こせきしゅんすけ）

桜美林大学准教授
（認知行動療法・臨床心理学）

博士（学校教育学）

公認心理師、臨床心理士、認知行動療法スーパーバイザー®、指導健康心理士、日本ストレスマネジメント学会認定ストレスマネジメント®実践士。日本認知・行動療法学会理事および企画委員長、一般社団法人公認心理師の会理事および教育・特別支援部会長、日本ストレスマネジメント学会常任理事および研究委員長等を務める。近著に『子どもと一緒に取り組む園生活での子どものストレス対処法』（中央法規）、『事例で学ぶ教育・特別支援のエビデンスベイスト・プラクティス』（金剛出版）など。

著 社会応援ネットワーク

全国の小中学生向けの『子ども応援便り』編集室が、2011年の東日本大震災時、「メッセージ号外」を発行したのを機に設立。同時に文部科学省等から委託を受け、被災地に「子どもの心のケア」の出張授業や教職員向けの動画配信を行う。以降、全国の4、5、6年生全員に『防災手帳』を無料配布するなど、学校現場からの「今、これが必要」の声に徹底して応えるプロジェクトを展開。心のケア、防災、共生社会、SDGsの出張授業や教材作り、情報発信を続ける。コロナ禍では、「こころの健康サポート部」を立ち上げた。書籍に『図解で学ぶ 14歳から身につける国際マナー』（太田出版）など。

社会応援ネットワークのYouTubeチャンネル
https://www.youtube.com/channel/UCkk4mlgqnYLxB-h7-6_cI4A

こころの健康サポート部
https://kokoro-support.info

イラスト	伊藤和人
図版制作・デザイン	川畑日向子、榎本理沙（細山田デザイン事務所）
アートディレクション	細山田光宣
校正	鷗来堂
企画・構成・執筆	高比良美穂、高坂健彦、柴野聰（社会応援ネットワーク）
監修	小関俊祐（桜美林大学准教授）
取材協力	杉山智風（京都橘大学助教）

図解でわかる
14歳からの自分を助ける心理学

2025年3月3日 初版第1刷発行

著者	**一般社団法人社会応援ネットワーク**
発行人	森山裕之
発行所	株式会社太田出版 〒160-8571 東京都新宿区愛住町22第三山田ビル4階 Tel. 03-3359-6262　Fax. 03-3359-0040 https://www.ohtabooks.com
印刷・製本	中央精版印刷株式会社

ISBN978-4-7783-4020-9　C0030
©Shakai Ouen Network 2025 Printed in Japan

定価はカバーに表示してあります。乱丁・落丁はお取替えいたします。
本書の一部あるいは全部を利用（コピー等）する際には、著作権法の例外を除き、著作権者の許諾が必要です。